AF628376

Sebastian Ringel

Glücksorte in Leipzig

Fahr hin & werd glücklich

Dieses

Glücksbuch

ist für

Liebe Glücksuchende,

anders als bei Geld, Erfolg, Facebooklikes oder vielen anderen mehr oder weniger wesentlichen Dingen im Leben, ist Glück glücklicherweise nicht messbar. Zumal das Empfinden von Glück ohnehin von diversen persönlichen Faktoren abhängig ist. Diese wunderbare Unschärfe des Begriffs führt dann auch dazu, dass die Wahrscheinlichkeit, dass zwei Personen genau dieselben 80 Leipziger Glücksorte präferieren, in etwa gen null tendiert. Einige städtische Perlen dürften jedoch bei nahezu jedem Leipziger in der Auswahl auftauchen: der wunderbare Clara-Zetkin-Park beispielsweise, der Cossi oder der Karl-Heine-Kanal. Doch auch darüber hinaus ist das Potenzial an bekannten, wie unbekannten Wohlfühloasen in der Stadt bemerkenswert groß. So war es für den Autor dieses Buches eine überaus angenehme und auch spannende Aufgabe, das Repertoire an Glücksorten auszuloten und zu arrangieren. Bleibt nur zu hoffen, dass die Wiedergabe auch den Leser erreicht, und ihm für die Erkundung der Stadt viel Glück zu wünschen.

Ihr Sebastian Ringel

Deine Glücksorte ...

… noch mehr Glück für dich

"Glück"

Der Riese unter Zwergen

1 Auf dem Fockeberg

Um fast 45 Meter überragt der Fockeberg seine Umgebung, doch egal von wo man nach ihm Ausschau hält, nirgendwo im Stadtgebiet ist er zu entdecken. Seltsamerweise aber lässt sich dieses von seinem Gipfel aus komplett überschauen, im Sommer allerdings nur dort, wo die Vegetation genügend Spielraum gelassen hat. Entstanden ist der seltsame Berg erst im Nachgang des Zweiten Weltkriegs und um einen echten Berg oder vielmehr Hügel handelt es sich natürlich auch nicht. Vielmehr um eine gigantische Anhäufung verunglückter Geschichte, die Überreste einer untergegangenen Stadt, deren Bauten die meisten heutigen Bewohner nur von Fotografien her kennen. Inzwischen hat die Natur die schroffen Trümmer längst sanft neu bezogen und so erinnert an die heftige Entstehungsgeschichte heute kaum noch etwas. Im Gegenteil, überaus friedlich ist es hier und oft auch erstaunlich ruhig, sodass sich die Aussicht aufs heutige Leipzig von der alten Stadt aus ungestört genießen lässt. Allerdings ist das nicht immer so. In der Silvesternacht beispielsweise verirren sich zahllose Ausflügler aufs großflächige Bergplateau, das etwa auf selber Höhe liegt wie die im übrigen Stadtgebiet explodierenden Feuerwerke. Ruhig geht es dabei nicht zu. Ebenso wenig bei anderen Veranstaltungen. So beweisen verschiedenste Wettkämpfe, dass auch ohne Berg ein Hang zum Alpinsport existieren kann. So kommt der 850 Meter lange mit Serpentinen ausgestattete Weg sowohl beim Fockeberglauf als auch beim Fockebergzeitfahren zum Einsatz. Letzteres ist ein aus nur einer Bergwertung bestehendes Radrennen, das als Einzelzeitfahren ausgetragen wird. Der aktuelle Streckenrekord liegt bei 1 Minute 24 Sekunden. Beim jährlich im Mai stattfindenden Seifenkistenrennen „Prix de Tacot“ geht es sowohl bergauf, hierbei allerdings im Massenstart, aber natürlich bewegen sich die oft kuriosen Gefährte auch bergab, vorbei an zahllosen Schaulustigen, die diese eifrig anfeuern oder auch nur ihren Hang zum am Hang rumstehen ausleben wollen.

● Fockeberg, 04275 Leipzig
● ÖPNV: Bus 60, 74, Haltestelle Fockestraße

Hinter goldenen Türen

2 In der Deutschen Nationalbibliothek

Dass die Stadtgestalter im frühen 20. Jahrhundert ein Faible für kultivierte Kurven entwickelten, lässt sich wunderbar am stattlichen Hauptgebäude der Deutschen Nationalbibliothek erkennen. Elegant folgt dieses dem Oval des Deutschen Platzes und besticht zugleich durch zahlreiche repräsentative Details. Am auffälligsten sind sicherlich die goldenen Eingangstüren, über denen drei steinerne Köpfe thronen: Bismarck, Gutenberg und Goethe, die den politischen, den technologischen und den musischen Grundpfeiler symbolisieren und den Aufschwung des deutschen Buchwesens ermöglichten. Bauherr des 1916 eingeweihten Hauses war der Börsenverein des Deutschen Buchhandels, der in jener Zeit, wie auch etwa tausend Verlage, noch in Leipzig zu Hause war. Bis heute dient der Bau vor allem der Archivierung der deutschsprachigen Literatur und so lagern hier und in den vier später errichteten Anbauten mittlerweile über 15 Millionen unterschiedliche deutschsprachige Medieneinheiten. Das Haus zieht also nicht nur Architekturfans in ihren Bann, sondern ist vor allem für Menschen, die gerne und vor allem viel lesen ein ganz besonderer Glücksort. Zudem kann man sich seit 2012 im neu eingerichteten Deutschen Buch- und Schriftmuseum zum Thema informieren. Die 1884 gegründete Institution gilt dabei als weltweit ältestes Museum, das sich dem Buch widmet. Die Dauerausstellung „Zeichen, Bücher, Netze, von der Keilschrift zum Binärcode" ist allerdings hochaktuell und schlägt den Bogen vom Kerbholz über Zäsur, Lesesucht und Tarnschriften bis hin zur Digitalisierung. Über 800 interessante Exponate zu unterschiedlichen Aspekten zum Thema kann man bestaunen. Wechselausstellungen sorgen zudem für stetig frischen Wind, alles bei kostenfreien Eintritt. Beheimatet wurde die Ausstellung im Jahr 2011 fertiggestellten vierten Anbau der D(N)B, der sich zwar gestalterisch vom fast hundert Jahre ältere Hauptgebäude stark abhebt, jedoch ebenfalls mit architektonischer Finesse glänzt.

- Deutsche Nationalbibliothek und Deutsches Buch- und Schriftmuseum, Deutscher Platz 1, 04103 Leipzig, Tel. (03 41) 2 27 10 www.dnb.de
- ÖPNV: Tram 2, 16, Haltestelle Deutsche Nationalbibliothek

DEUTSCHE
BÜCHEREI

In vampirfreien Räumen

3 Im Auwald

Dass im April weite Teile des Leipziger Westens von einem intensiven Knoblauchgeruch vereinnahmt werden, mag den ein oder anderen Besucher eventuell irritieren. Für die Leipziger ist dies aber der Duft des Frühlings, und wer genau hinriecht, bemerkt auch, dass dieser nicht etwa vom Knoblauch, sondern vielmehr vom Bärlauch herrührt. Das krautige Gewächs ist wenig später auch nicht mehr zu übersehen, denn der Waldboden wird im Mai von einem Meer aus weißen Blüten überzogen, die so dicht zusammenstehen, dass man auf den ersten Blick denken könnte, es hätte geschneit. Da Bärlauch in schattigen und feuchten Wäldern besonders gut gedeiht, kann er sich in und um Leipzig wunderbar entfalten. Fast 30 Kilometer lang und zwischen 2 und 5 Kilometer breit ist der Auwaldgürtel, der die Stadt durchzieht und der allein auf dem Leipziger Stadtgebiet mit fast 1200 Hektar nahezu dreimal so viel Fläche vereinnahmt wie der Cospudener See. Entstanden ist dieses Biotop durch die zahllosen Bäche und Flüsse, die in Pleiße und Elster münden und die dabei lange Zeit die Uferbereiche überschwemmten. Zwar ist das Binnendelta mittlerweile weitestgehend reguliert, doch wird der Wald noch immer regelmäßig geflutet, nun aber über Schleusen. In diesem Gebiet gedeiht nicht nur der Bärlauch bestens. Auch Stileichen, Eschen und Ahorn sowie Schlüsselblumen, Buschwindröschen und die nur hier gedeihenden Leipziger Windröschen gehören zum floristischen Inventar, das ausgiebig von seltenen Insekten und diversen Vögeln wie Specht, Pirol und Eisvogel genutzt wird. Selbst so seltene Tierarten wie Wildkatzen wurden bereits im Stadtgebiet gesichtet. Das dieser naturnahe Raum auch als Erholungsort sehr beliebt ist, versteht sich von selbst. Es braucht nur ein paar verschlungene Pfade und die nächstgelegene Großstadt scheint plötzlich unglaublich weit entfernt zu sein. Aber Vorsicht, man kann sich schnell verlaufen. Manchmal auch mit Absicht.

TIPP

Die Auwaldstation am Schlosspark Lützschena lädt zu Entdeckertouren ein!

● Auwald, Leipzig
● Anfahrt mit dem Fahrrad

Italien für zu Hause

4 Dipasquale – Lebensmittel im Leipziger Westen

Dass im Land zwischen Po und Stiefelspitze gutes Essen einen hohen Stellenwert besitzt, zeigt bereits die große Anzahl hier befindlicher italienischer Restaurants, in denen sogar Lebensmittel schmecken, die hier zu Lande gar nicht für solche gehalten werden. So liegen zwischen einem in Neapel kredenzten Mozzarella und der hier erhältlichen geschmacksneutralen weißen Masse nicht nur die Alpen, sondern auch kulinarische Welten.

Ein Phänomen, welches auch Andrea Dipasquale nur zu gut kennt. Ihn hat die Liebe von Turin nach Leipzig verschlagen, die allerdings hier nicht durch den Magen ging. So kehrte er von Reisen in die Heimat stets mit Koffersets voller Viktualien an die Pleiße zurück, ein Transfer, der anfangs allerdings nur dem Eigenbedarf diente. Schon bald jedoch entwickelte er aus der kulinarischen Notwehrsituation den Plan zu einem eigenen Lebensmittelladen. Der Name Dipasquale erscheint hierbei durchaus schlüssig und gleiches gilt für die Wahl des Standorts an der Karl-Heine-Straße.

Die breite baumbestandene Magistrale im Leipziger Westen hat in den vergangenen Jahren eine recht überraschende Entwicklung zur Gastronomie- und Kneipenmeile genommen. Das Dipasquale gesellte sich im Jahr 2015 hinzu. Ein kleines Ladengeschäft mit großen Fenstern und azurblauen Sitzgelegenheiten davor. Hier lässt es sich gemütlich an der Bruschetta knabbern oder am Espresso schlürfen, der nicht nur italienischen Qualitätsansprüchen entspricht, sondern erfreulicherweise auch den dort vorherrschenden Preisrelationen. Im stilvoll gestalteten Laden, in dem man sich sofort wohlfühlt, eröffnet sich dann ein Universum apenninischer Leckereien, wobei der Schwerpunkt auf den Regionen Piemont, Lazio und Sizilien liegt. Alle Waren werden direkt aus Italien, von kleinen, natürlich produzierenden Herstellern bezogen und trotz der relativ kleinen Ladenfläche ist die Auswahl riesig. Problematisch ist nur, dass man ständig irgendwo reinbeißen möchte.

- Dipasquale, Karl-Heine-Straße 63, 04229 Leipzig, Tel. (03 41) 24 74 18 21
www.dipasquale.de
- ÖPNV: Tram 3, 14, Bus 74, Haltestelle K.-Heine-/Merseburger Straße

MAL WAS ANDERES
ZUM WEIN

Speck und Bäume

5 Schloss und Schlosspark Lützschena

Von der Innenstadt bis zum Stadtteil Lützschena sind es 9 Kilometer, 8 davon führen entlang verschiedener Wasserläufe durch Parkanlagen und Wälder. Nach Großstadt fühlt sich dieser Weg nicht an, erst recht nicht auf den letzten 200 Metern, die aus uraltem Kopfsteinpflaster bestehen und eine schnurgerade Allee bilden. Diese läuft auf das Schloss von Lützschena zu – ein 1865 errichtetes, neogotisches Palais, das die Adelsfamilie Speck von Sternburg einst bewohnte. Der Name ist noch immer in aller Munde, zum einen durch eine Biermarke, zum anderen, weil ein innerstädtischer Mustermessepalast – Speck's Hof – nach einem zum Familienbesitz gehörenden Vorgängerbau benannt wurde.
Das alte Anwesen in Lützschena ist weniger bekannt, aber ebenso sehenswert. Nicht zuletzt wegen des Schlossparks. Dieser wird von der Weißen Elster und einem ihrer Altarme, dem Hundewasser, umschlossen und kann auch vom Schloss aus nur über Brücken erreicht werden. Dabei besitzt die unregelmäßige Insel, über die ebenso unregelmäßige Wege führen, zweieinhalb Kilometer Uferlänge. Malerisch ist es hier und erstaunlicherweise fast menschenleer. Es säumen 300 Jahre alte Eichen den Wegesrand und diverse von der Antike inspirierte Skulpturen. Meist handelt es sich um Kopien verloren gegangener Originale, die aber bei Weitem noch nicht vollständig ersetzt worden sind. Zu entdecken gibt es dennoch viele interessante Objekte, darunter eine Waldkapelle, eine künstliche Ruine, das Mausoleum der Adelsfamilie, die Einsiedelei oder der Dianatempel am Ufer des Dianateichs. Insgesamt gibt es fünf kleine Wasserflächen, dazu gehört auch der Rosenteich, den ein schickes Schwanenhaus schmückt. Ganz in der Nähe befindet sich die in der ehemaligen Stellmacherei des Schlosses untergebrachte Auwaldstation. Während das Grün in diesem Bereich wieder in einen parkähnlichen Zustand versetzt wurde, kommt ein Großteil der zum Naturschutzgebiet Burgaue gehörenden Anlage inzwischen aber wieder recht wild daher. Ein nahezu perfekter Platz für eine Großstadtatempause.

● Schloss und Schlosspark Lützschena, Schloßweg, 04159 Leipzig, Tel. (03 41) 2 11 99 15, www.schloss-luetzschena.de
● ÖPNV: Tram 11, Haltestelle Lützschena

Hopp, hopp, hopp ...

6

Auf der Galopprennbahn Scheibenholz

„Ja, ja, ja, ja – neeeiiiiiin!“, diese ungewöhnliche Wortfolge wird häufig auf der Galopprennbahn am Scheibenholz gebrüllt, aber irgendwie wird trotz fehlplatzierter Wette meistens dabei gelächelt. Denn normalerweise werden nur wenige Euro gesetzt. Diejenigen, die aber „Ja, ja, ja, ja – jaaaaaa!“ rufen, lächeln oft genauso, als wären sie zu Millionären geworden.

Im Allgemeinen sind die Leipziger nicht gerade ausgewiesene Rennbahnbesucher, auch wenn es durchaus einige ausgewiesene Experten unter den Zuschauern gibt. Nur am 1. Mai schaut so gut wie jeder mal am Rennbahnweg vorbei, oder zumindest diejenigen, die auch nur annähernd über eine geeignete Kopfbedeckung verfügen. So kamen in den letzten Jahren zum Aufgalopp stets mehr als 20.000 Besucher.

TIPP
Birkhahn auf Sieg!

Ganz so schick wie in Ascot oder Baden-Baden geht es an der Pleiße zwar nicht zu, aber immerhin wird die Bahn wegen ihrer Architektur oft mit der Derbybahn in Chantilly in der französischen Hauptstadt verglichen. Groß- und Kleinparis eben! Die Leipziger Galopprennbahn besitzt auch jede Menge Geschichte. Bereits 1867 wurde die etwa 500 x 700 Meter große Wiese mit ihrer fast 1800 Meter langen Laufbahn an der heutigen Stelle eröffnet. Zwar liegt sie mitten im Grün, aber dennoch nur einen Kilometer von der Innenstadt entfernt. Die noch heute existierende hölzerne Tribüne mit ihren 900 Sitzplätzen entstand 50 Jahre später und befand sich lange Zeit in einem bedauerlichen Zustand. Nachdem diese vor wenigen Jahren saniert wurde, gibt es auch wieder ein umfangreiches gastronomisches Angebot. Und das nicht nur im historischen Schankraum unterhalb der Tribüne, zu dem auch ein großer Biergarten gehört, sondern inzwischen wird auch das alte Waagegebäude, in dem ursprünglich die Jockeys gewogen wurden, auf diese Weise genutzt. Neben dem Pferdesport dient das große Gelände mittlerweile auch ganz anderen Zwecken. So finden hier Antik- und Trödelmärkte statt und von Mitte Juli bis Mitte August wird die Bahn zur Kulisse fürs Sommerkino.

● Galopprennbahn Scheibenholz, Rennbahnweg 2 a, 04107 Leipzig, Tel. (03 41) 33 73 00 63, www.scheibenholz.com
● ÖPNV: Tram 10, 11, Haltestelle Hohe Straße, Tram 1, 2, Haltestelle Klingerweg (dann etwa 10 bis 15 Minuten Fußweg)

pferdewetten.de
Glück ist so nah.
LOTTO
DLW

Auwald auf Spanisch

7

In der Tapasbar Caracan

Die Fahrt vom Cossi oder einem der anderen Seen des Südens zurück gen Stadt führt zumindest per Fahrrad meist über die Neue Linie, den breiten sommerlichen Fahrradhighway. Eine Wohnzimmer-Ufer-Verbindung, die nicht nur mit Geradlinigkeit und entspannten Verkehrsbedingungen besticht, sondern auch mit moderaten Umgebungstemperaturen, führt sie doch fast ausschließlich durch den Wald. Wie bei guten Wäldern üblich, befindet sich in dessen Mitte eine große Lichtung, wenngleich diese einen eher walduntypischen Charakter besitzt. Die große Wiese ist mit zwei Toren bestückt und wird rege von Fuß- oder Footballern genutzt. Daneben befinden sich diverse Tennisplätze und Beachvolleyballfelder. Wenn der Wind gut steht, kann man zudem den Duft von frisch Gegrilltem schnuppern.
Dieser weht vom Caracan aus über die Anlage, einer Imbissmöglichkeit, ähnlich abgelegen wie das Grimm'sche Pfefferkuchenhaus, nur mit völlig gegenteiligem Ambiente. Im baulichen Sinne handelt es sich eigentlich nur um ein von Säulen gestütztes Dach, das nicht nur als Wetterschutz, sondern zugleich der Aufhängung einer überaus außergewöhnliche Lampenschirmkollektion dient. Darunter stehen Bierbänke, auf denen zumeist gut gelaunte Gäste sitzen, während aus einem alten Lautsprecher südamerikanische Rhythmen zu vernehmen sind. Diese harmonieren durchaus auch mit dem kulinarischen Angebot, das vor allem spanische Spezialitäten umfasst, aber auch bis zum Urgermanischen reicht. So gibt es Tapas in verschiedensten Variationen, kalt oder warm, in Form von Muschelkroketten, Grillpaprika, Gambas, Tortillas, aber auch Arepas als venezolanische Spezialität. Wem das alles zu kompliziert ist, der kann sich an Bratwurst und Steak laben. Exotisch oder auch nicht – lecker ist das allemal, was die spanischen Köche zubereiten, und man bekommt alles zu einem guten Preis. Wer sich also schon immer gefragt hat, wie sich ein Hungerast auf dem Heimweg vom See gepflegt verhindern lässt, im Caracan gibt es die Antwort.

- Caracan – Bar & Grill, Neue Linie 20, 04277 Leipzig, www.caracan.de
- ÖPNV: Tram 9, Haltestelle Mathildenstraße oder Anfahrt mit dem Fahrrad

Baden im Beuchaer Granit

8 Kirchbruch und Bergkirche in Beucha

Nur 2 Kilometer von der Leipziger Stadtgrenze entfernt liegt der Ortskern von Beucha. Von der Großstadt allerdings scheint man sehr viel weiter entfernt zu sein. Selbst die Speckgürtelstrukturen sind nur geringfügig ausgebildet, dafür prägt noch jede Menge ländliche Idylle die Szenerie. Stoppelfelder, Pferdekoppeln, Fachwerkhäuser und eine Vielzahl kleiner Seen sind deren Hauptzutaten. Letztere sind natürlich nicht natürlich entstanden. Aber welcher See in der Umgebung Leipzigs ist das schon? Vielmehr handelt es sich um Kiesgruben und Steinbrüche und ein solcher – der Kirchbruch – liegt sogar inmitten des Zentrums des 3000 Einwohnerortes. Benannt ist er nach der fast 750 Jahre alten Bergkirche, die tatsächlich auf einer Art Berg steht, einem Berg aus Granit. Mittlerweile ist der Großteil der Anhöhe jedoch abhandengekommen, denn bereits vor mehr als 500 Jahren wurde damit begonnen, das schwarz-weiß gescheckte Gestein abzubauen.
Nur der Umstand, dass das Gotteshaus verschont wurde, verhinderte, dass der Berg komplett ins Gegenteil verwandelt wurde. Die verbliebenen Hänge jedoch sind nun umso steiler. 53 Meter tief war das Tal, das entstanden war, als die Förderung schließlich 1958 eingestellt wurde. In den folgenden Jahren wurde dieses vom Grundwasser geflutet und ein fast 40 Meter tiefer Bergsee entstand – mit einer bizarren Halbinsel, auf der die Bergkirche seither thront. Ein außergewöhnlicher Anblick, insbesondere für die ansonsten völlig gefällelose Leipziger Tieflandsbucht. Das Wasser ist klar und lädt zum (eventuell leicht illegalen) Schwimmen im Schatten der Kirche ein. Auch Klippenspringer und Kletterer nutzen die ungewöhnlichen Möglichkeiten. Wer einen See noch ohne Wasser sehen will, muss indes nur in den zwei Straßen entfernten Steinbruch Sorge schauen, wo noch immer Beuchaer Granitporphyr abgebaut wird. Aus diesem stammt auch der Großteil des Gesteins, das bei der Gestaltung des 1913 fertiggestellten Völkerschlachtdenkmals zum Einsatz kam.

- Kirchbruch und Bergkirche Beucha, 04824 Brandis
- ÖPNV: Regionalbahn RB110, Haltestelle Beucha, Bahnhof

Unterm Lebensbaum

9 Biergarten mit Ginkgobaum am Budde-Haus

Dass sich der „Biergarten mit Ginkgobaum", wie der offizielle Name des Freiluftetablissements tatsächlich lautet, als Glücksort wunderbar eignet, ist bereits von der Lützowstraße aus erkennbar. Die Worte „Glück" und „Liebe" flankieren in großen Lettern den Eingangsbereich und heißen die Besucher willkommen. Beide Begriffe finden sich auch an der Fassade der 1891 errichteten Villa Ida, auf deren Parkgrundstück der Biergarten entstanden ist. Die Namensgeberin Ida, die eigentlich Hildegard hieß, war die Gattin von Adolf Bleichert. Er erbaute nicht nur das Haus, sondern auch die benachbarte Drahtseilbahnfabrik, die ihn zu einem reichen Mann gemacht hat.

Meist wird die Villa aber als Budde-Haus bezeichnet, so auch schon in der DDR-Zeit, als der Bau als Kulturhaus diente. Heute werden die großzügigen Räumlichkeiten von etwa 25 Vereinen oder auch privaten Anbietern genutzt, die sich im Kultur-, Freizeit- und Sozialbereich engagieren. Aber auch für Lesungen, Konzerte, Vorträge und vieles mehr stehen diese zur Verfügung. Im Biergarten wird ebenfalls hin und wieder musiziert, meist gleich neben einem überaus preiswerten Wunschbrunnen – kleine Wünsche kosten nur 50 Cent, große gibt's schon für einen Euro. Sich ein Bier zu wünschen, kostet ein wenig mehr, wobei nicht nur Pils, sondern auch Gose und leckere Snacks angeboten werden. Gekrönt wird das idyllische Areal von einem riesigen (wer hätte das gedacht) Ginkgobaum, wenngleich der Name „Biergarten mit zahllosen Holzkunstwerken" ebenso zutreffend wäre, denn einen Skulpturengarten gibt es auf dem großen Parkgrundstück ebenfalls. Das ehemalige Kutscherhaus ist indes in eine Kreativwerkstatt verwandelt worden, in der beispielsweise Kenntnisse zur Bildhauerei, zum Buchbinden, aber auch zum kreativen Schreiben vermittelt werden. Da auch ein schöner Spielplatz nicht fehlt, liegt das Durchschnittsalter im Biergarten in den frühen Nachmittagsstunden noch bei gefühlten sieben Jahren. Allerdings steigt dieses im weiteren Tagesverlauf kontinuierlich an.

- Biergarten mit Ginkgobaum, Lützowstraße 19, 04157 Leipzig
  www.biergarten-mit-ginkgobaum.de
- ÖPNV: Tram 12, S-Bahn S1, S3, S4, Haltestelle S-Bahnhof Gohlis

Mmmmmmmmmh

10 Im Restaurant Zest

Ein Geheimtipp ist das Zest an der Bornaischen Straße ganz sicher nicht mehr. Denn mittlerweile kommen längst nicht nur Menschen vorbei, die sich vegan ernähren, sondern auch solche, die einfach gerne gut essen. All diejenigen, die glauben, dass sich das ausschließt, waren mit Sicherheit noch nie hier gewesen.

Von außen ist das 2005 eröffnete Lokal im Herzen von Connewitz eher unscheinbar und auch die Gestaltung im Inneren erscheint eher schlicht, aber geschmackvoll. Geklinkerte Wände, dazu dunkles Holz und als Beigabe eine gute Aussicht aus großen Fenstern. Da der Raum nicht wirklich groß ist, erscheint er trotz seiner minimalistischen Ausstattung sehr gemütlich. Nachteilig ist dabei freilich, dass die 28 Plätze im Inneren und auch die wenigen Tische direkt davor schnell besetzt sind. Letztere bieten zugleich den Ausblick aufs Kontrastprogramm – einen Hähnchengrill.

TIPP

Man kann sein Glück natürlich herausfordern …, besser aber ist's zu reservieren!

Hähnchen gibt es im Zest freilich nicht, dafür aber Dinge, die man so nur selten findet. Dass sich die Karte dabei stellenweise wie ein Fremdwörterbuch liest, sollte nicht irritieren, schon weil die Kellner auch als Dolmetscher agieren. Noch wichtiger aber ist, dass die Menschen in Küche bestens Bescheid wissen und wunderbar abgestimmte Kreationen zaubern, die außergewöhnlich, vielfältig und vor allem lecker sind. Dies zeigt sich bei den Getränken – wie der selbst gemachten Limonade, den vielen exotischen Säften und Cocktails – und setzt sich beim Essen fort. Angeboten werden vegane Burger, die bei Bedarf auch mit echtem Käse geordert werden können, aber eben auch Gerichte wie: Orangen-Sesam-Tofu in Haselnuss-Cornflakes-Kruste mit Truffe-de-Chine-Rote-Beete-Klößchen, Pale-Ale-Birnen-Sauce … zugegeben, es klingt ein wenig gewöhnungsbedürftig, schmeckt aber einfach nur großartig – selbst wenn man keinen grünen Gaumen besitzt. Verwegene Desserts gibt es natürlich auch. Nur allzu lieb gewinnen sollte man die Speisen nicht, denn alle zwei Monate wird ein komplett neues Menü erstellt.

● Restaurant Zest, Bornaische Straße 54, 04277 Leipzig, Tel. (03 41) 2 31 91 26
www.zest-leipzig.de
● ÖPNV: Tram 11, Haltestelle Pfeffinger Straße

Barock, Neobarock, Punkrock

11 Fregehaus im Stadtzentrum

Zwar gibt es in der Leipziger Innenstadt noch immer sehr viele Altbauten, doch nur etwa zwei Dutzend Häuser sind älter als 200 Jahre. Diesbezüglich weisen also selbst nahe gelegene Kleinstädte wie Altenburg oder Grimma weit mehr wirklich alte Substanz auf. Aber manchmal stehen sie dann zwischen Historismus, Jugendstil und Kaufhofkacheln einfach so herum, die richtig Alten – so das fast 500 Jahre zählende Fregehaus zum Beispiel. Zwar ist dessen ursprüngliche Gestaltung aus der Renaissance nur noch an wenigen Stellen erkennbar, dafür aber wirkt das Portal und das sich daran anschließende Kreuzgewölbe umso eindrucksvoller. Die übrigen barocken Bereiche sind inzwischen auch schon über 300 Jahre alt und zeigen sich nicht weniger glanzvoll, aber schließlich diente der Bau auch über Jahrhunderte dem Bankhaus Frege, einem der wichtigsten Geldinstitute Sachsens. Andreas Frege, Nachfahre der Bänker, ist heute aber sehr viel bekannter, als Campino und Sänger der Toten Hosen.

TIPP
Gleich nebenan kann man das Museum der bildenden Künste besuchen!

Im Fregehaus indes wird inzwischen nicht mehr mit Banknoten gehandelt, sondern mit Blüten, denn Haus und Hof werden unter anderem vom Blumenladen Saltoflorale genutzt. So veredelt der Duft historischer Rosen, rarer Kräuter und anderer der Meisterfloristik entspringenden Aromen das historische Ambiente, das überdies noch farbenfroh ist. Aber auch die angebotenen Waren im Antiquitätengeschäft Wendt passen wunderbar zur Aura des Hauses und vielleicht findet sich hier auch gleich die passende historische Vase fürs edle Gewächs. Eventuell auch ein paar schmucke Gläser, die dann im Bierfachgeschäft „Bierfreunde" gefüllt werden können. Mehr als 300 verschiedene Spezialbiere finden sich in diesem schnuckligen Hopfen- und Weizenfachgeschäft – ein optimaler Wartesaal also, für Ehemänner, die von ihren Schuhe shoppenden Gattinnen ausgesetzt worden sind. Und sollte die Suche ganze Tage dauern, kann auch das im Haus befindliche sehr stilvolle Hotel in Anspruch genommen werden.

- Fregehaus, Katharinenstraße 11, 04109 Leipzig
- ÖPNV: S-Bahn S1, S2, S3, S4, S5, S5X, S6, Haltestelle Leipzig, Markt, Tram 1, 3, 4, 7, 9, 12, 14, 15, Haltestelle Gördeler Ring

Flugschau

12 Schmetterlingshaus und Botanischer Garten

Von Natur aus sind botanische Gärten besondere Orte, gelten sie doch als grüne Ruheinseln inmitten des hektischen Großstadtlebens. Dabei existierten die beschaulichen und informativen Oasen bereits zu Zeiten, in denen Großstädte noch Mangelware waren. Bereits 1539 wurde der erste botanische Garten Deutschlands angelegt, und zwar im damals etwa Zehntausend Einwohner zählenden Leipzig. Ursprünglich lag dieser aber im Hof der Paulinerkirche, also direkt in der Innenstadt. Initiator war die Universität, die den botanischen Garten auch heute noch betreibt – auch wenn dieser inzwischen dreimal umgezogen ist, zuletzt 1877 in die Linnéstraße. Hier sind auf etwas mehr als 3 Hektar Fläche etwa 10.000 verschiedene Pflanzenarten zu finden und gebettet ist das floristische Ensemble in eine freundliche Landschaft, die mit einem Teich, kleinen Anhöhen und Brücken versehen ist. Zahlreiche Bänke laden zum Verweilen und Betrachten der pflanzlichen Vielfalt ein, die vom Erdbeerbaum bis zur Riesenseerose reicht. Während der Außenbereich kostenfrei besucht werden kann, wird für das Betreten der Gewächshäuser ein kleines Entgelt verlangt. Hier lassen sich dann aber auch Pflanzen aus wärmeren Gefilden bestaunen, tropische Gewächse oder im Kakteenzimmer diverse Wüstenschönheiten. Zudem werden die Räumlichkeiten für unterschiedlichste Veranstaltungen wie Lesungen, Workshops, Vorträge oder auch Pflanzenmärkte genutzt. Einmal im Jahr findet zudem eine große Orchideenschau statt, die sich großer Beliebtheit erfreut.

Die Orchideen in der Welt der Insekten sind wohl am ehesten die Schmetterlinge, die ganzjährig im 1998 eingeweihten Schmetterlingshaus bewundert werden können. Besonders aktiv sind sie bei Sonnenschein, dann flattern sie zu Hunderten im Haus umher, in den unterschiedlichsten Farben und Formen. Mehr als 20 Arten fliegen so um die Wette, heimische Schwalbenschwänze ebenso wie Bananenfalter oder die großen Blauen Morphofalter, die bis zu 12 Zentimeter Flügelspannweite aufweisen.

● Schmetterlingshaus und Botanischer Garten, Linnéstraße 1, 04103 Leipzig, Tel. (03 41) 97-3 68 50, www.bota.uni-leipzig.de

● ÖPNV: Tram 2, 16, Bus 60, Haltestelle Johannisallee

Einfach auftanken

13 Kneipe Links neben der Tanke

Unter den vielen Kneipen, die es im Leipziger Westen gibt, ist das „Links neben der Tanke“ sicher eine der knuffigsten. Dabei kommt die direkte Umgebung nicht ganz so charmant daher. Gleich rechts vom „Links neben der Tanke“ steht eine Tankstelle. Da es aber nicht so viele in der Gegend gibt, gestaltet sich die Wegfindung umso einfacher. Zumal es sich um die einzig überlebende Minol-Tankstelle der DDR handelt. Das Haus, das das „Links neben der Tanke“ beherbergt, wurde jedoch in einer Zeit erbaut, in der es weder die DDR noch Tankstellen gab. Mehr als ein Jahrhundert war es ein normales Wohnhaus, das schließlich 25 Jahre lang leer stand und 2017 saniert wurde. Den Großteil der Räume nutzt nun das Multitude Hostel, separat davon wird das „Links neben der Tanke“ betrieben. Die Tür, durch die es zur Kneipe geht, entstand dabei völlig neu, genau wie das komplette Innere, wenngleich die meisten Dinge, die hierfür verwendet wurden, schon einmal anders genutzt worden sind. Die Bar besteht aus alten Dachbalken, die Beleuchtung strahlt aus farbigen Glasflaschen. Auch jede Menge Kunst ist zu sehen. Zur Knuffigkeit trägt zugleich die Tatsache bei, dass die Räumlichkeiten ein wenig verwinkelt daherkommen und sich auf zwei Etagen verteilen. Genauso gemütlich, aber um einiges grüner ist der Garten, der im Sommer ausgiebig genutzt wird. Die zahlreichen Veranstaltungen des Hauses werden dann häufig ins Freie verlegt. Neben kleineren Konzerten, bei denen nicht selten die Gäste des Hostels auftreten, gibt es eine Lesebühne, ein Pubquizz mit Pfeffidoping, Flohmärkte und verschiedenste Partys zu verschiedensten Themen. Aber auch wenn nichts Besonderes im „Links neben der Tanke“ ansteht, ist es fast immer gut besucht. Zu den Gästen zählen sowohl Leipziger als auch die Bewohner des Hostels. Eine gute Gelegenheit für beide Parteien, exotische Menschen zu entdecken. Und wer etwas mehr trinken will, kann das Haus auch gleich als Übernachtungsoption nutzen.

- „Links neben der Tanke“, Lützner Str. 7, 04177 Leipzig, Tel. (0 15 90) 1 33 08 51
- ÖPNV: Tram 1, 2, 3, 4, 7, 8, 9, Haltestelle Angerbrücke/Straßenbahnhof

LINKS
NEBEN
DER
TANKE

Freude, wenn Schiller lockt

14

Das Schillerhaus in Gohlis

Es gibt wohl kaum einen geeigneteren Ort für ein Buch, das sich dem Thema Leipziger Glücksorte verschrieben hat, als das Haus, in dem Friedrich Schiller die „Ode an die Freude“ verfasst hat. Zumal der 1717 errichtete Lehmbau das älteste Haus im Stadtteil Gohlis ist und so noch ein kleines Stückchen Dorfidylle repräsentiert, die ansonsten längst von der um sich wuchernden Großstadt verdrängt wurde.
Als der damals 25-Jährige im Mai 1785 hier Quartier bezog, lag Leipzig noch 2 Kilometer entfernt und Gohlis bestand einzig aus der heutigen Menckestraße, in der sich etwa 50 kleine Häuser aneinanderreihten. Ein Model des Dorfes ist im Schillerhaus zu sehen, das seit nunmehr fast 180 Jahren als Museum genutzt wird. Dass der große Poet, der bereits durch „Kabale und Liebe“ und „Die Räuber“ für Aufsehen gesorgt hatte, ausgerechnet hier Quartier bezog, ist dem Umstand zu verdanken, dass er von Freunden seiner Kunst nach Leipzig eingeladen wurde. Hier war er zunächst auch abgestiegen und vom Flair der turbulenten Dreißigtausend-Einwohner-Metropole durchaus angetan. Nur an Muße war nicht zu denken, sodass ihn sein späterer Verleger Joachim Göschen in den idyllischen Speckgürtel vermittelte. Genauer gesagt, in das Haus des Bauern Christoph Schneider, der die zweite Etage seines Hauses freigab und es sich derweil mit Frau und Kinderschar im Erdgeschoss gemütlich machte. Von hier aus unternahm Schiller ausgedehnte frühmorgendliche Spaziergänge durchs nahe Rosental oder besuchte die Leipziger Kaffeehäuser und arbeitete am „Don Carlos“. Vier Monate, also einen Sommer lang, verweilte der Poet im Dorf, auch dank finanzieller Unterstützung seiner Leipziger Freunde. Denn, wie nicht ganz unüblich in der Branche, befand er sich in finanziellen Nöten. Dass er trotzdem die „Ode an die Freude“ verfasste, ist fast schon mehr als nur ein Indiz dafür, dass Geld nicht glücklich macht. Allerdings entstand vor Ort nur die Urversion, was auch gar nicht schlimm wäre, wenn nicht die Fertigstellung ausgerechnet in Dresden erfolgt wäre.

TIPP

Im Garten des Schillerhauses kann man Konzerten lauschen und schönes Ambiente genießen!

● Schillerhaus, Menckestraße 42, 04155 Leipzig, Tel. (03 41) 5 66 21 70
www.stadtgeschichtliches-museum-leipzig.de/besuch/unsere-haeuser/schillerhaus
● ÖPNV: Tram 4, Haltestelle Menckestraße

Hier wohnte
SCHILLER
und schrieb das
Lied an die Freude
im Jahre 1785.

Kaltspeiseneldorado

15 Eisdiele Pfeifer in der Südvorstadt

Als Horst Pfeifer 1953 in einem kleinen Eisladen an der Kreuzung Kochstraße und Alfred-Kästner-Straße seinen kleinen Eisladen eröffnete, war er bei Weitem nicht der einzige Einzelhändler des Straßenzugs. Noch wurde die Nahversorgung in nächster Nähe vollzogen und so existierte in nahezu jedem Haus ein Ladengeschäft. Doch nicht nur diese hat die Eisdiele Pfeifer längst überlebt. Sie gilt zugleich auch als der älteste Eisladen der Stadt, deren Anzahl in jener Zeit noch recht übersichtlich gewesen sein dürfte.
Viel verändert hat sich seitdem nicht. Noch immer wird das Eis jeden Tag frisch hergestellt mit einer Eismaschine Baujahr 1972. Neben neuen exotischen Kreationen (mit Zitrone oder Nuss) werden natürlich auch die bereits in der DDR-Zeit verkauften Sorten Vanille, Schokolade und Erdbeer angeboten – weiterhin in der seit Jahrzehnten bewährten Rezeptur, gereicht in einer knackigen Ostwaffel. Aber nicht nur das Eis schmeckt nach Deutscher Demokratischer Republik, auch das Inventar des Ladens stammt noch aus dieser. Das wohl prominenteste Stück strahlt den Besucher dabei von der Decke aus an. Es ist ein aus zwölf Lampen bestehender hölzernen Leuchter, der bereits zur Eröffnung an selber Stelle hing. Auch das übrige Mobiliar, die kleinen mit Vornamen versehenen Eislöffel und die Tapeten stammen aus volkseigener Produktion. Zudem bringen diverse Fotografien dem Besucher die Geschichte des Ladens näher, der zunächst von Horst Pfeifer und danach von dessen Sohn betrieben wurde. Seit 2007 gibt es eine neue Betreiberin, und da diese selbst lange Zeit zufriedene Kundin war, blieb auch nach dem Wechsel fast alles beim Alten. Allerdings wird inzwischen auch Kuchen angeboten, der nun ebenfalls auf dem Freisitz verspeist werden kann. Die Gesichter der Leipziger Kinder, die hier auf die heiß ersehnten Pfeifer'schen Eisspezialitäten warten, strahlen wie schon seit Generationen!

- Eisdiele Pfeifer, Kochstraße 20, Leipzig 04275
- ÖPNV: Tram 10, 11, Haltestellen Südplatz oder K.-Liebknecht-/K.-Eisner-Straße

Vanille-Eis 1,10
Schokoladen-Eis 1,10
Stracciatella-Eis 1,10
Erdbeer-Eis 1,10
Pflaumen-Eis 1,10
Joghurt-Eis 1,10
Mokka-Eis 1,10
mit Schlagsahne 1,10

Kleinod im Jugendstil

16

In der Schaubühne Lindenfels

Die Schaubühne Lindenfels ist für einiges bekannt: für die riesige Uhr, die über dem geschwungenen Eingangsbereich thront, für ihre schönen, historischen Innenräume und nicht zuletzt natürlich für die vielfältigen Veranstaltungen, die im Haus stattfinden. Dass die Schaubühne auch eine Aktiengesellschaft ist, vermuten wohl aber die wenigsten, abgesehen von den 1200 Aktionären natürlich. Allerdings handelt es sich um eine gemeinnützige Aktiengesellschaft, deren Zweck es ist, den Erhalt der Spielstätte zu sichern. Eine Listung im Dax wird also nicht angestrebt und anders als auf dem Börsenparkett werden die emittierten Anteile in Form von Kunstdrucken herausgegeben.
Der überaus repräsentative Konzernsitz des Traditionskulturunternehmens befindet sich bereits seit 1876 in der Karl-Heine-Straße, wenngleich dieses in der Anfangszeit noch unter dem Namen „Gesellschaftshalle zu Lindenau“ firmierte, die vor allem für Tanzveranstaltungen bekannt war. Im frühen 20. Jahrhundert wurde das nunmehr umgebaute Haus auch als Kino genutzt, dessen Betrieb mit einer Heizkesselhavarie im Jahr 1987 zunächst einmal endete. Doch nur sechs Jahre und eine Revolution später wurde das marode Idyll von Schauspielern des Theaterhauses Jena wieder wachgeküsst. Zunächst wurde mithilfe zahlreicher Freiwilliger tagsüber saniert und abends gespielt, bis 1994 der reguläre Theaterbetrieb beginnen konnte. Schon bald wurde die großartige Akustik des historischen Saals aber auch für andere Zwecke genutzt. So gibt es im Jugendstilbau auch wieder ein Kino, das unter anderem kleine Filmfestivals veranstaltet. Zum Veranstaltungsrepertoire des Theater- und Filmkunsthauses gehören aber auch Performances, Lesungen und Konzerte und fürs kulinarische Wohl sorgt seit Neuestem eine Tapasbar. Im Jahr 2003 wurde zudem der einige Jahrzehnte als Ofenfabrik missbrauchte zweite Saal im sogenannten Westflügel kulturell reaktiviert, dessen Programm vor allem vom Figurentheater Wilde und Vogel geprägt wird.

- Schaubühne Lindenfels, Karl-Heine-Straße 50, 04229 Leipzig, Tel. (03 41) 48 46 20 www.schaubuehne.com
- ÖPNV: Tram 14, Haltestelle K.-Heine-/Merseburger Straße

HAUBÜHNE
Plgwtz
Industrie
+ Kultur
Plgwtz
Industrie
+ Kultur

Klänge aus der Tiefe der Zeit

17 Im Mendelssohn-Haus

Die alten Holzdielen knarren – in mindestens zwölf verschiedenen Tonarten. Störend wirkt dies allerdings nicht. Das Haus in der Goldschmidtstraße ist alt. Sehr alt. Vollendet wurde es 1845 und einige Bestandteile im Inneren, wie die wunderbare Holztreppe, stammen tatsächlich noch aus der Entstehungszeit. Über diese gelangten auch schon Felix Mendelssohn Bartholdy, seine Frau Cécile und ihre fünf Kinder in die Wohnung in der Beletage. Eventuell roch das Treppenhaus damals noch nach frischer Farbe. Zahlreiche andere bekannte Komponisten durchquerten dieses ebenfalls, um die Mendelssohns zu besuchen, Clara und Robert Schumann oder Niels Gade und auch Richard Wagner. Platz war genug in der Neun-Zimmer-Wohnung des Gewandhauskapellmeisters. Heute ist diese wieder mit Mobiliar aus jener Zeit ausgestattet, darunter Originalstücke aus dem Mendelssohn'schen Haushalt. Briefe, Partituren und Aquarelle des Komponisten, der auch malte, sind ebenfalls zu sehen, garniert mit einer Menge interessanter Information. So kann man hier ganz tief Geschichte atmen, insbesondere am Sonntag um 11 Uhr, wenn im Musiksalon, dem größten Raum der mehr als 400 Quadratmeter großen Wohnung, Konzerte stattfinden. Ein Ritual aus der Vergangenheit, als der Meister hier noch selbst musizierte. Allerdings gilt Mendelssohn nicht nur als begnadeter Komponist und wegweisender Kapellmeister, er war auch einer der Gründungsväter des Leipziger Konservatoriums, der heute ältesten deutschen Musikhochschule, und er brachte das Werk Bachs einer breiten Öffentlichkeit ins Bewusstsein. Mit nur 38 Jahren verstarb er am 4. November 1847 im heute nach ihm benannten Haus. Dieses wurde nach überaus aufwendiger Sanierung an seinem 150. Todestag als Museum eröffnet. Inzwischen ist im zweiten Obergeschoss auch seiner Schwester Fanny – ebenfalls Klaviervirtuosin und Komponistin – eine Ausstellung gewidmet, und mit dem Kurt-Masur-Institut, das im Haus ansässig ist, wird an einen weiteren wichtigen Gewandhauskapellmeister erinnert.

- Mendelssohn-Haus, Goldschmidtstraße 12, 04103 Leipzig, Tel. (03 41) 9 62 88 20
  www.mendelssohn-stiftung.de
- ÖPNV: Tram 12, 15, Haltestelle Johannisplatz

Blaues Band

18 Am Karl-Heine-Kanal

Der Karl-Heine-Kanal gehört sicher zu den der idyllischsten Plätzchen der Stadt, wobei es sich um ein ausgesprochen langgestrecktes Plätzchen handelt. Abzweigend von der Weißen Elster schlängelt er sich über etwa 3300 Meter durch den Leipziger Westen, seit Neuestem sogar bis zum Lindenauer Hafen. Hier enden sollte er allerdings nicht, sondern bis zur Saale weiterführen, um Leipzig so einen Weg zu den Weltmeeren zu bahnen. Doch die Vision des 19. Jahrhunderts blieb bis heute Utopie und der Kanal als Sackgasse ohne verbindende Wirkung – zumindest für den Schiffsverkehr. Als zwischenmenschlicher Verbindungspunkt ist die charmante Wasserstraße für die aktive oder passive Freizeitgestaltung aber wie geschaffen und eine wichtige Verkehrsstraße ist er inzwischen tatsächlich auch, allerdings für Kanu- und Fahrradfahrer. Da der Kanal tief ins Gelände eingeschnitten ist, führt er wie auch der parallel verlaufende Radweg unter 16 Brücken hindurch, sodass man vom Autoverkehr völlig unbehelligt und wunderbar entspannt vorankommt. Zeitverluste können sich jedoch trotzdem ergeben, da viel zu viele Orte zum Verweilen einladen, der Bootsanleger am Stelzenhaus beispielsweise oder die großen steinernen Treppen nahe der Phillipuskirche. Fernab vom Lärm der großen Stadt fühlen sich aber auch diverse Tierarten wohl. Auf den großen Blättern der Seerosen tanzen die Großstadtspatzen oder entspannen sich die Enten, die gerade zu faul sind zum Schwimmen. Auch Fischreiher und Nutrias sind hier zu entdecken. Und mit ein wenig Glück lässt sich zwischen Zschocherscher und Karl-Heine-Straße sogar ein Eisvogel blicken, der gerade nach einem Frühstücksfisch Ausschau hält. Denn das Wasser im Kanal ist nicht nur ungemein fischreich, sondern auch erstaunlich klar. Insbesondere in den Morgenstunden, bevor es durch die Ausflugsboote ein wenig aufwühlt wird, lassen sich ohne Weiteres auch die Details am 2,50 Meter tiefen Grund studieren.

● Karl-Heine-Kanal, Leipzig

● Am besten mit dem Fahrrad hin- und daran entlangfahren!

Von Seen und Maschinen

19 Das Schaufelrad in Gerbisdorf

Die Gegend um das 3 Kilometer nördlich von Leipzig gelegene Gerbisdorf als Speckgürtelzone zu bezeichnen, wäre alles andere als zutreffend. Stattdessen erinnert die Szenerie ein wenig an einen dünn besiedelten Bereich der Lüneburger Heide, in den sich allerdings einige außerirdisch anmutender Gerätschaften verirrt haben. Die Klingonen haben Gerbisdorf aber nie angegriffen. Stattdessen handelt es sich um Apparaturen, die einst dem Braunkohleabbau dienten, der für die betroffene Landschaft aber ähnlich fatale Konsequenzen mit sich brachte, wie jeder klingonische Präzisionsangriff. Inzwischen jedoch sind die Tagebauten Delitzsch-Südwest und Breitenfeld rekultiviert und an selber Stelle eine ganze Menge Heide und drei hübsche Seen entstanden. In dieser reizarmen Umgebung erscheinen die ehemaligen sozialistischen Arbeitsgerätschaften umso surrealistischer. Nicht zuletzt weil diese so gewaltig sind, insbesondere ein hier aufgestelltes Schaufelrad, das 17 Meter in die Höhe ragt. Dabei ist dies nur ein kleiner Überrest eines viel größeren stählernen Riesen, der den schönen Namen „SRs 6300“ trug und der als einer der größten Bagger der Welt galt. Alt geworden ist er allerdings nicht, denn als er 1989 fertig montiert war, stand das Ende der DDR gerade vor der Tür. So wurde der Tagebau Breitenfeld bereits 1991 und nicht wie geplant erst 2005 stillgelegt. Bis dahin hätte er selbst Bereiche südlich der Autobahn geschluckt, die deshalb auch verlegt worden wäre. Der Erhalt vieler kleiner Dörfer und der sie umgebenden Landschaft kann wohl getrost als Glücksumstand betrachtet werden und die Rekultivierung des verloren gegangenen Terrains als eine Art Bonus. Dabei sind die Gewässer im Norden von Leipzig, besonders der Werbeliner und der Grabschützer See, stärker der Natur überlassen worden und kommen auch, weil diese weniger stark frequentiert sind, ein wenig verschlafener daher als die im Süden. Aber das ist nicht unbedingt nachteilig. So lässt sich die norddeutsch anmutende Prärie entspannt und in gewünschter Ruhe zu Fuß oder per Rad erkunden.

● Schaufelrad SRs 6300, Werbeliner Weg, 04435 Schkeuditz OT Gerbisdorf, Tel. (03 41) 33 79 67 18
● Anfahrt mit dem Auto

Cappuccino forte

20 KuApo – Die KulturApotheke

Auch wenn die Eisenbahnstraße einen überaus schlechten Ruf besitzt, ist sie doch eine der belebtesten Straßen der gesamten Stadt und fast alle Läden werden wieder genutzt. Barbershops, Shishabars, Kebabläden sind eingezogen, aber auch andere Geschäftsideen fanden hier ihre Umsetzung. So entstanden eine Reihe von Lokalitäten, die neue Impulse im Leipziger Nachtleben setzen, wie das als Plattenladen und Café fungierende Vary am Beginn der Straße, oder das Goldhorn, das Kune und das Japanische Haus auf der Volkmarsdorfer Seite.
In diesem Bereich befindet sich auch das im Jahr 1890 errichtete Haus der ehemaligen Falkenapotheke, das nicht nur äußerlich wieder im alten Glanz erscheint. Erstaunlicherweise stammt auch die komplette Innengestaltung noch aus der Erbauungszeit. Die prunkvollen Decken und das mit Schnitzereien verzierte Eichenholzmobiliar erinnern fast schon an einen kleinen Ballsaal. Und in gewisser Weise wird das 140 Quadratmeter große lauschige Ladenlokal seit 2017 auch in dieser Form genutzt, nun aber unter dem Namen „Kulturapotheke". Diese fungiert als Bistro, Buchladen und als Bühne, wobei Letztere sowohl für Klezmer-, Balkansound- oder Jazzkonzerte als auch für Lesungen genutzt wird. Hierbei stehen Autoren kleiner unabhängiger Verlage im Vordergrund und dies gilt auch für das Sortiment des kleinen, aber feinen Buchladens, der in einem der drei Zimmer eingerichtet wurde. Der kleinste Raum wurde indes in ein fantasievoll gestaltetes Kinderzimmer verwandelt. Zudem gehört zum Geschäft nun auch ein Freisitz, auf dem sich die leckeren Speisen und Getränke genießen lassen. Angeboten werden unter anderem vegane und vegetarische Gerichte, Kuchen und anderes Biogebäck, dazu gibt es fair gehandelten Kaffee und Tee, Bier vom Fass, aber auch Cocktails und andere rezeptfreie Elixiere. Eine Brise des sich nun gen Osten ausbreitenden Nachtlebens gibt es kostenfrei dazu.

- KuApo – Die KulturApotheke, Eisenbahnstraße 99, 04315 Leipzig, Tel. (03 41) 67 95 77 81, www.kuapo.de
- ÖPNV: Tram 1, 3, 8, Haltestelle H.-Liebmann-/Eisenbahnstraße

Aus
Liebe
Buch
fritz-kola

Heimat der Eskimorollen

21 Kanupark Markkleeberg

Es geht aufwärts im Schlauchboot, das durch ein Förderband wieder langsam in Richtung Startbecken gebracht wird. Alle Insassen sind völlig nass, aber die Stimmung könnte besser kaum sein. Oben angekommen gibt der Guide ein kurzes Kommando und neun Paddel stechen zugleich ins Wasser, bis ein paar Sekunden später die Strömung mit aller Kraft am Boot zu zerren beginnt.

Seit 2007 existiert der Kanupark Markkleeberg, dessen Wildwasseranlage im Zuge der Olympiabewerbung Leipzigs für die Spiele von 2012 errichtet worden ist. Kurioserweise fanden diese dann nicht in Leipzig, sondern in einer völlig unbedeutenden Stadt namens London statt. Geschadet hat die Bewerbung Leipzig jedoch nicht, wie der Kanupark zeigt. Denn die beiden Strecken, die längere misst 270 Meter, sind vielfältig nutzbar. Zwar beträgt der Höhenunterschied zwischen Start und Ziel nur ein wenig mehr als 5 Meter, das genügt jedoch völlig, damit das Wasser ausreichend Kraft entwickeln kann. Vorausgesetzt natürlich, dieses wurde zuvor nach oben gepumpt. Dabei werden nicht nur geführte Schlauchbootfahrten angeboten, die Anlage stellt auch eine wichtige Trainingsmöglichkeit für Wildwasserkanuten dar. Da sie als eine der modernsten in Europa gilt, wurde sie bereits für zahlreiche internationale Wettkämpfe genutzt. Auch mit dem Surfbrett oder dem Bodyboard kommt man auf seine Kosten, da stehende Wellen auf der Anlage erzeugt werden können. Um Spaß zu haben, muss man jedoch nicht unbedingt aktiv werden. Schon als Zuschauer bekommt man einiges geboten, insbesondere auf der Wildwasserterrasse, die einen ausgezeichneten Rundblick bietet, wo aber auch fürs kulinarische Wohl gesorgt wird. Doch nicht nur das Wildwasser hat man von hier aus gut im Blick. Das vergleichsweise ruhige kühle Nass des Markkleeberger Sees kann von hier aus wunderbar in Augenschein genommen werden. Besonders zu empfehlen ist dies während des Sonnenuntergangs, denn der See liegt westlich der Terrasse.

- Kanupark Markkleeberg, Wildwasserkehre 1, 04416 Markkleeberg, Tel. (03 42 97) 14 12 91, www.kanupark-markkleeberg.com
- ÖPNV: Bus 106, Haltestelle Auenhain (Markkleeberg), Kanupark, Bus 141, Haltestelle Auenhain (Markkleeberg), Seepark

Orthodoxes Großod

22 Gedächtniskirche St. Alexej

Am 28. Dezember 1912 begannen die Arbeiten an der St.-Alexej-Gedächtniskirche – zehn Monate später wurden diese abgeschlossen. Zwar wurde im frühen 20. Jahrhundert generell recht schnell gebaut, normalerweise dauerte die Errichtung eines Bauwerks aber mindestens anderthalb Jahre. Beim Bau der Gedächtniskirche herrschte jedoch ganz besonderer Zeitdruck, schließlich musste das russische Völkerschlachtdenkmal zum hundertjährigen Gedenktag der Schlacht pünktlich fertiggestellt sein. 22.000 russische Soldaten hatten in dieser ihr Leben gelassen.
Wie bei allen im Ausland entstehenden russisch-orthodoxen Kirchen steht auch das Gotteshaus an der Semmelweißstraße auf russischem Boden – oder vielmehr auf Erde, die in Russland geweiht und dann nach Leipzig transportiert wurde. Ein nahezu baugleiches Vorbild existiert in Russland ebenfalls, die 1532 errichtete Christi-Himmelfahrts-Kirche von Kolomenskoje in Moskau, die Weltkulturerbestätte ist. Zwar ist diese einige Jahrhunderte älter und auch ein paar Meter größer als ihre 55 Meter hohe Leipziger Schwester, dafür aber besitzt Letztere einen Kern aus Eisenbeton und das Zwiebelkuppeldach wurde mit jeder Menge Goldfarbe versehen. Zahlreiche weitere ungewöhnliche Details, oft mit einer ganz eigenen slawischen Prägung, finden sich an der Fassade und natürlich auch im Inneren. Die Gestaltung wirkt noch um einiges exotischer und ist mit den Innenräumen anderer Leipziger Kirchen kaum vergleichbar. Insbesondere die 18 Meter hohe und aus 78 Bildern bestehende Ikonenwand, die zu den größten Europas zählt, wirkt beeindruckend. Aber auch die 800 Kilogramm schweren Kronleuchter besitzen jede Menge Strahlkraft. Eine neue Ära läutete der Bau in der Stadt jedoch nicht ein. Durch die Messe besitzt die Orthodoxie hier eine lange Tradition und so fanden auch in Leipzig erstmals in Deutschland orthodoxe Gottesdienste statt. Die heutige Gemeinde ist aufgrund der vielen in Leipzig lebenden Russen und Ukrainer sehr rege.

● Gedächtniskirche St. Alexej, Philipp-Rosenthal-Straße 51 a, 04103 Leipzig, Tel (03 41) 8 78 14 53, www.kirche-leipzig.de/orthodoxe-gemeinden
● ÖPNV: Tram 2, 16, Haltestelle Deutsche Nationalbibliothek

Biohafen

23 Am Lindenauer Hafen

Den Lindenauer Hafen als den merkwürdigsten Hafen der Welt zu bezeichnen, grenzt an starke Untertreibung. Schließlich ist der einst „technisch modernste Binnenhafen Deutschlands" 70 Jahre lang von keinem einzigen Schiff angesteuert worden! Und auch heute schaffen es nur wenige Boote ins 1000 Meter lange, 90 Meter breite und 6 Meter tiefe Hafenbecken. Fertiggestellt wurde die mit riesigen Speicher- und Lagergebäuden bestückte Anlage im Frühjahr 1943. Allerdings verhinderte der Verlauf des Zweiten Weltkriegs die Anbindung des Hafens an ein schiff-bares Gewässer, was zwar die Binnenlage des Hafens nachhaltig stärkte, dessen Funktionsfähigkeit aber gewaltig einschränkte. Da der Hafen auch in den folgenden Jahrzehnten nicht über den Wasserweg erreicht werden konnte, wurde er nicht zum Ankerpunkt der modernen Schifffahrt, sondern zur Heimat so mancher Schilfart. Flora und Fauna entwickelten sich sogar so prächtig, dass inzwischen allein 13 auf der Roten Liste stehende Vogelarten hier beheimatet sind. Die abgeschiedene Lage inmitten der Großstadt zieht aber auch Libellen, Fledermäuse und Ruhe suchende Anwohner an. Dabei besticht besonders die Westseite der verunglückten Infrastrukturmaßnahme durch ungewöhnlich viel Idylle, die auf charmante Weise mit dem Anblick der maritim anmutenden Großbauten der Ostseite kollidiert. Effektvoll spiegeln sich diese zudem im glasklaren Wasser, das auch zum Schwimmen einlädt. Allerdings teilt man sich dieses dann mit Karpfen, Hechten und Welsen, deren rege Anwesenheit den Hafen auch zum Anglerparadies macht. Ob es in Zukunft so ruhig bleiben wird, ist ungewiss. Denn inzwischen ist zumindest der Karl-Heine-Kanal bis zum Hafenbecken verlängert worden, das seitdem immerhin von kleinen Ausflugs- und von Paddelbooten angesteuert werden kann. Zugleich entstehen auf der Südostseite des Areals bereits die ersten maritimen Wohnungsbauten.

- Lindenauer Hafen, Plautstraße, 04179 Leipzig
- ÖPNV: Tram 8, 15, Haltestelle Saarländer Straße (von dort etwa 25 Minuten Fußweg, Anfahrt besser mit dem Fahrrad)

HA-LA-CE

Herz aus Käse

24 In der Käserei Lehmann

Wer das Glück zu schätzen weiß, einen guten Käse genießen zu dürfen, dem eröffnet sich im Käsehaus der Firma Lehmann in der Breitenfelder Straße ein Paradies, in dem Milch- und Schimmelpilzprodukte feilgeboten werden. Etwa 350 verschiedene Käsesorten aus einem Dutzend Länder werden an der 11 Meter langen Theke verkauft. Ob mild oder aromatisch, süß oder bitter, ob Harzer, Parmesan, Wilder Bernd oder mit Preiselbeeren versetzter Cheddar – was immer das Käseherz begehrt, ist hier zu finden. Darüber hinaus werden regionale Weine, Öle, Gebäck und auch Wurst angeboten. Stimmig und stilvoll eingerichtet ist der 2001 eröffnete Verkaufsraum obendrein und für eine profunde Beratung sorgen die im traditionellen Gewand bedienenden, stets freundlichen Käsefachverkäuferinnen. Gekostet werden darf natürlich auch! Und wer mehr als nur kosten will, kann es sich in einer gemütlichen Sitzecke bequem machen, um einen Kaffee oder eine kleine Zwischenmahlzeit zu sich zu nehmen. Wer hingegen mehr zur Käseproduktion erfahren will, der sollte die benachbarte Schaukäserei aufsuchen. Die kleine gläserne Manufaktur eröffnet einen Einblick in die Lehmann'sche Sauermilchkäseproduktion, denn Käselehmann verkauft nicht nur Käse, sondern produziert auch mehrere Sorten selbst. Den Blauen beispielsweise, der seinen Namen dem Edelschimmel verdankt, oder auch die Marke Sheepka, eine aus Schafsfeta und Frischkäse bestehende Rolle, die mit verschiedenen Kräutern ummantelt wird. Auch verschiedene Frischkäsesorten und Käsesalate stellt die Firma her, in der mittlerweile etwa 60 Mitarbeiter angestellt sind. Gegründet wurde sie im Jahr 1914, wenngleich anfangs noch der Milchgroßhandel im Vordergrund stand. Ab 1931 wurde die Milch dann zudem veredelt, zunächst im Leipziger Süden, später im Osten und seit 1948 an der Breitenfelder Straße. Mittlerweile hat die vierte Lehmann'sche Generation die Käseruder übernommen, sodass man all denen, die der Meinung sind, Tradition wäre Käse, getrost mit einem „Auch!" begegnen kann.

- Käserei Lehmann GmbH, Breitenfelder Straße 39, 04155 Leipzig, Tel. (03 41) 5 85 00 50, www.kaese-lehmann.com
- ÖPNV: S-Bahn S1, S4, Tram 4, Haltestelle S-Bahnhof Coppiplatz

Ein Blick in die Black Box

25

Die naTo

Die Geschichte der NATO reicht bis ins Jahr 1949 zurück, genau wie die Geschichte der naTo. Zugegeben sonderlich sinnvoll klingt diese Eröffnung nicht, zumal sich ein Vergleich zwischen dem Transatlantischen Militärbündnis und dem alternativen Leipziger Kulturzentrum auch thematisch nicht gerade anbietet. Ein Indiz hierfür liefert bereits der Umstand, dass die hiesige naTo ausgerechnet an einer Straße liegt, die nach einer kommunistischen Lichtgestalt benannt wurde – an der Karl-Liebknecht-Straße. Eine breite baumbestandene Magistrale mit vielen hohen Altbauten, die diverse Cafés und Kneipen beherbergen. Das Haus der naTo allerdings, ist weder hoch, noch ist es alt. Es entstand 1953 als Kulturhaus der Nationalen Front, zuvor war der hölzerne Vorgängerbau während des Volksaufstandes in Flammen aufgegangen. Knapp drei Jahrzehnte lang diente der Saal den üblichen sozialistischen Ritualen, die ab 1982 aber zunehmend mit Free-Jazz-Konzerten, Theaterperformances und Kunsthappenings konkurrierten. Zugleich bürgerte sich die Abkürzung NaFro ein, die alsbald in naTo transformiert wurde, was in Zeiten des Warschauer Pakts sehr viel provokanter klang. Nach dessen Ende wurde die Bezeichnung naTo offiziell und das soziokulturelle Zentrum ging in freie Trägerschaft über.

TIPP
Zum Seifenkistenrennen der naTo anmelden!

Ein alternativer Anlaufpunkt blieb die naTo, nicht zuletzt aufgrund des vielfältigen Programms, dass sich bis heute fernab bewährter Trends bewegt, dabei immer wieder überrascht und überzeugt. So wird der kleine schwarze Saal an mehr als 350 Tagen im Jahr für unterschiedlichste Konzerte, Theater, Programmkino, Lesungen und für Veranstaltungen zu politischen Themen genutzt. Die separat betriebene Bar besticht durch erfrischende Echtheit und ist nicht zuletzt wegen der überschaubaren Größe überaus gemütlich. Und der kleine Freisitz zur Straße bietet eine perfekte Aussicht, um das Treiben auf dem Südplatz zu beobachten.

- Die naTo, Karl-Liebknecht-Straße 48, 04275 Leipzig, Tel. (03 41) 3 01 43 97 www.nato-leipzig.de
- ÖPNV: Tram 10, 11, Haltestelle Südplatz

naTo
MACHT SOMMERPAUSE

Schöner schreiben

26 Eisenhauer – Bürokultur

Läden, die Bürobedarf vertreiben, gelten im Allgemeinen nicht unbedingt als Orte der Glückseligkeit. Verwunderlich ist das freilich nicht. Die angebotene Ware erinnert doch schwer an den täglichen Kampf mit dem Mittagstief und meist besteht diese auch nur aus der immer gleichen praktischen, günstigen Massenware – selten individuell oder elegant. Dabei verbringen viele Menschen tagtäglich mehr Zeit im Büro als in irgendeinem anderen Raum, sodass eine Kulturinitiative an dieser Stelle durchaus lohnend erscheint. Sogar das Streichen von Punkten auf der To-Do-Liste wirkt noch befriedigender mit den richtigen Utensilien. Eine besondere Strategie, eine solche Liste abzuarbeiten, wird als Eisenhower-Prinzip bezeichnet und genau nach diesem ist auch das „Eisenhauer" benannt, ein etwas anderer Bürobedarfsladen oder vielmehr ein Laden für Bürokultur.
Ein überaus wichtiges Motiv für dessen Eröffnung war die Eigenbedarfsdeckung der Betreiber, die ein Herz für charmante Büroartikel besitzen. Bezogen werden diese aus unterschiedlichsten Ländern, aus Italien, Dänemark oder Japan beispielsweise – und so treffen hier auch ganz unterschiedliche Gestaltungsideen aufeinander. Ein klares Design und eine gute Verarbeitung gelten dabei als Bedingung für eine Aufnahme ins Warensortiment. Dieses reicht von Notizheften, Adressbüchern, Ablagen, Stiften in unterschiedlichsten Variationen bis hin zu Tackern, die aussehen wie Walfische, nur dass sie nicht ganz so groß sind. Und wer etwas verschenken will, erhält vor Ort auch gleich noch die passende Verpackung samt Grußkarte. Zwar können alle Artikel auch im zum Laden gehörenden Onlineshop bestellt werden. Empfehlenswerter ist aber, direkt in der Grünewaldstraße 19 vorbeizuschauen, weil die Artikel hier nicht nur angeschaut, sondern auch deren Beschaffenheit befühlt werden kann. Zudem ist der im März 2017 eröffnete Laden überaus charmant eingerichtet und da er zugleich als Grafikbüro dient, steht er auch für Designwünsche offen.

● Eisenhauer – Bürokultur, Grünewaldstraße 19, 04103 Leipzig, Tel. (03 41) 33 18 78 63, www.buero-eisenhauer.de

● ÖPNV: Tram 2, 9, 16, Haltestelle Roßplatz/Grünewaldstraße

HAY

Bühne frei

27 Im Theater der Jungen Welt

Das Theater beglücken kann, ist vermutlich für die allermeisten kein allzu großes Geheimnis. Dass Leipzig diesbezüglich eine besondere Geschichte besitzt, eventuell schon eher. So wurde einst das erste deutsche Stadttheater hier eröffnet und der Hans Wurst von der Bühne vertrieben. Doch auch die Gegenwart besitzt Potenzial und quer durchs Stadtgebiet existieren zahlreiche Spielstätten. Im Theater der Jungen Welt wird dabei am häufigsten gespielt. Jedes Jahr werden etwa 700 Vorstellungen gegeben, die über 50.000 Besucher anlocken. Zugleich ist das Theater der Jungen Welt das älteste professionelle Kinder- und Jugendtheater Deutschlands. Lange Zeit war es im Weißen Saal der Kongresshalle zu Hause, wo 1946 die erste Premiere stattfand. So ist die Jugendkulturbastion inzwischen längst im Rentenalter angekommen, frisch und gut ist das Programm jedoch noch immer, was nicht zuletzt zahlreiche Theaterpreise aus der jüngeren Vergangenheit unterstreichen. Seit dem Jahr 2003 ist der Lindenauer Markt die neue Heimat des Theaters, wo ein aus dem frühen 20. Jahrhundert stammendes ehemaliges Konzert- und Ballhaus, das spätere Haus der Volkskunst, zum Theaterbau umarrangiert wurde. Drei Säle, der größte fasst 229 Zuschauer, beherbergt der stattliche Altbau, die auch fürs Puppentheater und die Theaterpädagogik genutzt werden. Außerdem befand sich auch das LOFFT (das Leipziger Off-Theater) lange Zeit im Haus, dessen neue Bühne für Tanz, Theater und Performance von 2019 an aber in der Halle 7 des Spinnereigeländes zu finden ist.
Fürs leibliche Wohl am Lindenauer Markt ist indes weiterhin gesorgt, wobei das Restaurant des Hauses in die ehemaligen Räumlichkeiten eines Schokoladengeschäfts eingezogen ist. Zum Theater gehört überdies aber auch ein Theaterbus, sodass einige der mehr als 40 zum Repertoire gehörenden Stücke auch direkt in Kindergärten oder Schulen zur Aufführung gebracht werden können. Das neue Programm trägt im Übrigen den Titel „Zum Glück" und befasst sich auch mit selbigen.

● Theater der Jungen Welt, Lindenauer Markt 21, 04177 Leipzig, Tel. (03 41) 4 86 60 16
www.theaterderjungenweltleipzig.de
● ÖPNV: Tram 7, 8, 15, Haltestelle Lindenauer Markt

LEIPZIG
20
ZONE
THEATERKASSE

Lesen ist Kupfer

28 Kupfersaal in der Dresdner Passage

Autobahnkreuze kennt man im besten Falle nur von der Vorbeifahrt, was normalerweise keineswegs schlimm ist, rangieren diese in Sachen Aufenthaltsqualität doch irgendwo zwischen Arbeitsamt und Klärwerk. Auch das von Staugefahr und Lichthupe gebenden Audifahrern malträtierte Schkeuditzer Kreuz bildet da keine Ausnahme und ist als Glücksort somit denkbar ungeeignet.

Für die Lesebühne Schkeuditzer Kreuz gilt jedoch Gegenteiliges, denn seit dem Jahr 2008 versorgt die charmante Poetenvereinigung ihre stetig wachsende Anhängerschaft einmal pro Monat mit witzigen, skurrilen, manchmal auch stillen, aber stets unterhaltsamen Texten, Gedichten oder mit ähnlich geartetem Liedgut. Allerdings ist nicht nur die Lesebühne selbst, sondern auch deren neue Heimat, der Kupfersaal, einen Besuch wert. Die im Jahr 2017 an der Kupfergasse eröffnete Spielstätte wird gleich von zwei gemeinnützigen Vereinen betrieben. Zum einen vom Livelyrix e.V., dessen Metier das gesprochene Wort ist, zum anderen von der Leipziger Philharmonie, ein Orchester, das nicht nur hier, sondern auch weltweit für Begeisterung sorgt. So trifft im Kupfersaal Vivaldi auf Poetry Slam, Beethoven auf Comedy – wenn auch zu unterschiedlichen Zeiten. Der bis zu 560 Zuschauer fassende Saal wird aber auch für Singer-Songwriter- oder Jazzkonzerte, diverse Lesungen und eine Reihe anderer Veranstaltungen genutzt. Das klassisch moderne Ambiente harmoniert dabei wunderbar mit der heutigen Nutzung, aber auch mit der Architektur des Dresdner Hofs, der den Saal beherbergt. Der riesige 1913 eingeweihte Mustermessepalast bot während der Messe bis zu 500 Ausstellern, aber einst auch einem großen Kino, den Casino-Lichtspielen, Platz. Der Kupfersaal indes beherbergte ursprünglich die Bier-, Konzert- und Speisewirtschaft Naumann-Bräu, bevor er in der DDR-Zeit zur Mensa und dem FDJ-Jugendclub Kalinin umfunktioniert wurde, der für legendäre Partys bekannt war. Nun dient er legendären Sinfonie- und Lesefesten mit jeder Menge glücksspendendem Potenzial.

● Kupfersaal, Kupfergasse 2, 04109 Leipzig
www.kupfersaal.de
● ÖPNV: Tram 2, 8, 9, 10, 11, 14, Haltestelle Wilhelm-Leuschner-Platz, Tram 2, 9, 16, Haltestelle Roßplatz

Leipziger Südküste

29 Am Cospudener See

Den Cospudener See als eine Folgeerscheinung der Ölkrise zu bezeichnen, wäre zwar eine verkürzte, aber durchaus zutreffende Aussage. Nur an Ölkrise fühlt sich wohl niemand hier erinnert, eher schon an die sächsische Miniaturausgabe der Ostsee, Sandburgen bauen und FKK-Baden inklusive. Auch das Flair an den etwa 10 Kilometer langen Ufern besitzt durchaus maritime Züge und der Nordstrand ist an heißen Tagen auch ähnlich stark belagert wie die Strände von Binz oder Ahlbeck. Der Anfahrtsweg allerdings ist weit weniger beschwerlich und da er, zumindest für Fahrradfahrer, fast schon zwangsläufig durch den Auwald führt, gehört bereits die Anreise zum Entspannungsprogramm. Dabei genügen etwas mehr als 20 Minuten Radeln, um die Innenstadt gegen kaltes, klares Wasser einzutauschen. So wird das Seepanorama an verschiedensten Stellen auch von den Türmen der Stadt garniert. Noch besser lassen sich Völkerschlachtdenkmal und Uniriese vom Segelboot aus betrachten, mit dem man auch bald zu längeren Seereisen aufbrechen kann, denn die Kanalverbindung zum mehr als doppelt so großen Zwenkauer See ist bereits im Bau. Beheimatet sind die Wasserfahrzeuge meist im Zöbigker Hafen, das hiesige Warnemünde, an dem sich nicht nur der Yachtclub, sondern auch Läden, Restaurants, die Sauna am See und ein Fahrradverleih angesiedelt haben. Die südlich anschließenden Ufer kommen indes naturnaher daher, so naturnah sogar, dass amerikanische Bisons hier weiden – in einem extra angelegten Gehege. In unmittelbarer Nähe befindet sich die Bistumshöhe, die mit einem schmucken Turm bestückt einen guten Ausblick bis zum Zwenkauer See und über den Vergnügungspark Belantis bietet. Dass die komplette Gegend bis vor kurzer Zeit noch völlig landschaftslos war, nichts anderes als ein bizarres Ensemble verschiedener Braunkohletagebaurestlöcher, ist inzwischen kaum mehr vorstellbar. Heute bietet der Ort wunderbare Möglichkeiten, sich zu erholen, Sport zu treiben, zu feiern und einfach nur das Leben zu genießen.

- Cospudener See, Leipzig
- Anfahrt am besten mit dem Fahrrad

Holzweg nach oben

30 Treppenhäuser der Stadt

Um das Treppenhaus eines gewöhnlichen Neubaus als Glücksort zu betrachten, benötigt man entweder enorm viel Vorstellungskraft, einen ganz besonderen Bezug zu Raufaser und/oder Sichtbeton oder aber umfangreiche finanzielle Mittel, um ein gestalterisches Upgrade finanzieren zu können. Ganz anders wirken da die Treppenhäuser der Vergangenheit, die weit mehr als nur die Erreichbarkeit des Wohnraums gewährleisten sollten, sondern auch der Repräsentation dienten. Welche Bedeutung man dieser beimaß, ist selbst in ehemaligen Arbeiterquartieren spürbar. Noch deutlicher wird dies aber in Gegenden wie Gohlis, im Musik- oder Waldstraßenviertel.

Bereits die Haustür ist hier nicht selten ein kunstvoll verziertes hölzernes Unikat, und durchschreitet man diese, finden sich edle Materialien und aufwendige Gestaltungen. Die Fußböden sind eventuell mit Mosaiken, die Wände mit Fries, Stuck oder Keramikkacheln verziert und die Decke schmückt möglicherweise ein Gemälde. Nur die blecherne Briefkastenanlage passt meist nicht ins pompöse Umfeld. Allerdings fallen diese auch nicht unter die Statuten des Denkmalschutzes, denn in der Zeit, in der die Häuser errichtet wurden, wurde die Post noch im Briefschlitz der Wohnungstür eingeworfen.

Auf dem Weg nach oben knarzt es hin und wieder und es riecht nach altem Holz. Ausgetretene Stufen verraten, dass dieser Weg schon oft genommen wurde. Er führt vorbei an oft kunstvoll gestalteten Fenstern, aber auch an Türen, die auf halber Treppe liegen und einst zu den Toiletten führten. Fahrstühle wurden erst im Rahmen von Sanierungen integriert, jedoch längst nicht in jedem Haus. Aber nicht nur diese sind neu. Gleiches gilt für den allergrößten Teil der Treppenhausgestaltung, denn die meisten der Häuser mussten auf ihre erste Sanierung ein Jahrhundert lang warten. Viel alter Glanz blieb deshalb nicht erhalten. So stellt sich die Frage, warum in unserer Zeit nur dann in Baukultur investiert wird, wenn es sich um die der Vergangenheit handelt?

- Gohlis, Musik- oder Waldstraßenviertel, Leipzig
- Am besten mit dem Fahrrad durch die Viertel fahren!

Von Sachsen und Bohnen

31 In der Kaffeerösterei RöstGut

Dass die Sachsen, insbesondere die Leipziger, einst wahre Koffeinenthusiasten waren, ist unter anderem daran erkennbar, dass es der Begriff „Kaffeesachse" bis ins Wörterbuch der Brüder Grimm geschafft hat. Da die sächsischen Soldaten selbst die Gefechtspausen für die Koffein- und Backwarenaufnahme nutzten, führte dies auch zu fatalen militärischen Konsequenzen. Inzwischen legen die Leipziger zwar ein einigermaßen normgerechteres Verhalten beim Kaffeegenuss an den Tag, hingegen die Zahl der Kaffeeröstereien in der Stadt hat in den letzten Jahren wieder stark zugelegt.

Hierzu zählt auch das RöstGut, das im Stadtteil Schleußig im Leipziger Westen zu Hause ist. Die aus nachhaltigem Anbau stammenden fair gehandelten Bohnen kommen, vom Norden mal abgesehen, indes aus allen Himmelsrichtungen – aus Ländern wie Brasilien, Indonesien, Äthiopien oder Honduras – und können vor Ort für den Hausgebrauch erworben werden. Zudem gibt es Tee und Kakao sowie diverse Schokoladenspezialitäten, von denen eine noch größere Auswahl in direkter Nachbarschaft bei „Wein und Schokolade" zu finden ist.

Im RöstGut wird allerdings nicht nur geröstet! Im angeschlossenen Café lassen sich die unterschiedlichsten Koffeinvariationen seit dem Jahr 2011 auch (aus-)kosten. Der Duft gerösteter Bohnen ist im kleinen, aber feinen Ladenlokal trotzdem allgegenwärtig, aber auch der frisch gebackenen Kuchens, den die hauseigene Kuchenexpertin täglich zubereitet. Der Schokoladenkuchen ist herausragend und besonders gehaltvoll. Das charmante Personal füttert einen gerne zusätzlich mit interessanten theoretischen Details zu den Hintergründen der angebotenen Ware. Und wer an den vier Tischen keinen Platz findet, kann es sich auch im Hof des ehemaligen Industrieensembles unterm Weinstock bequem machen. Wer es noch grüner mag, sollte sich für einen Besuch des Clara-Zetkin-Parks entscheiden und sich am Kaffeefahrrad an der Sachsenbrücke einen kräftigen Schluck Kaffeeglück gönnen.

- RöstGut, Holbeinstraße 29, 04229 Leipzig, Tel. (03 41) 58 09 67 58
  www.roestgut.de
- ÖPNV: Tram 1, 2, Haltestellen Holbeinstraße und Stieglitzstraße

Bali

Petersilie in e-Moll

32 Duft- und Tastgarten im Friedenspark

Besonders groß ist der Duft- und Tastgarten im Friedenspark zwar nicht, doch auf seinen 2000 Quadratmetern eröffnet er dem Besucher eindrucksvolle botanische Welten, nicht zuletzt, weil der Fokus in diesem Garten nicht auf visuellen Aspekten liegt. Das im Jahr 2007 eingeweihte Kleinod wurde als Nachfolger des Blindenparks im Rosental vor allem für Blinde und Sehbehinderte angelegt, offen steht es aber allen Interessierten, insbesondere auch denen, die gern an der Flora herumschnuppern oder mit dieser auf Tuchfühlung gehen wollen. Der Hauptweg dient als Grenze zwischen dem äußeren Garten, der mit unterschiedlich duftenden Sträuchern und Bäumen bepflanzt ist, und dem inneren Garten, der mit 78 kleinen Hochbeeten bestückt ist. Rosen, Flieder und Robinien lassen sich hier ebenso gut durch die Nase entdecken wie Gräser oder Riesenkräuter. Die schachbrettartige Struktur führt dabei durch verschiedene Themenbereiche, vom Wasser-, Sumpf- oder Obstgarten bis hin zum Miniaturwald. Aber auch ein Skulpturengarten kann erkundet werden sowie eine kleine Grotte.
In einem weiteren Bereich kann zudem schon bei leichten Wind dem Bambus oder auch anderen Pflanzen gelauscht werden – und so lässt sich in kürzester Zeit ein Spaziergang um die halbe Welt unternehmen! Und wer sich ein wenig mehr Zeit nehmen möchte, kann auch zahlreiche kleine Verweilmöglichkeiten in Anspruch nehmen. Geöffnet ist der Duft- und Tastgarten bei freiem Eintritt täglich von 9 bis 20 Uhr (in den Wintermonaten bis 18 Uhr), wobei sich ein Besuch im Frühling naturgemäß besonders empfiehlt. Bei dieser Gelegenheit kann auch gleich der direkt benachbarte Apothekergarten mitentdeckt werden, der ebenfalls als externer Bereich des Botanischen Gartens fungiert. Hier wachsen etwa 300 Arznei-, Heil- und Giftpflanzen, darunter Huflattich, Sonnenhut, Artischocke, Matestrauch. Riechen ist hier ebenfalls möglich, nur dran knabbern sollte man nicht zu viel.

- Duft- und Tastgarten, Friedenspark, Leipzig
- ÖPNV: Tram 12, 15, Bus 60, Haltestelle Ostplatz, Bus 70, 74, Haltestelle Technisches Rathaus

Wein und Korn stets von Horn

33 Horns Erben

Im Jahr 1926 hatte Wilhelm Horn das Lokal in der Arndtstraße 33 übernommen und fortan galt dieses als beliebter Anlaufpunkt für einen gepflegten Umtrunk. Viel hat sich seitdem scheinbar nicht verändert, denn beliebt ist das Etablissement nach wie vor und auch den Namen Horn trägt es noch immer – auch wenn es nun von seinen „Erben" geführt wird. Eine Traditionsgaststube ist das Horns Erben allerdings nur im weitesten Sinne. Zu frisch kommen Ambiente, Programm und Publikum daher. Außerdem war das Lokal auch einige Jahrzehnte geschlossen und wurde erst 2005 wiederentdeckt und wiedererweckt. Verwandt sind die Erben mit der Familie Horn auch nicht, dafür aber waren sie bei der Renovierung überaus engagiert.

Die Ausstattung entstammt zum Teil noch dem alten Horns und wurde um Accessoires wie Lampenschirme, Sofas und Sessel aus diversen Jahrzehnten ergänzt. Während im muckeligen Erdgeschoss eine Bar und reichlich Sitzgelegenheiten dazu einladen, dem Bier- oder Allaschgenuss zu frönen, dient das Obergeschoss indes für unterschiedlichste Veranstaltungen. Konzerte und Partys gehören ebenso zum Programm wie das Improtheater Adolf Südknecht, Flohmärkte oder auch das gemeinsame Tatortgucken. Zu Letzterem wird sogar ein Leichenschmaus angeboten, aber auch sonst wird dem Besucher ein Verhungern durch die frische und gute Küche nicht gerade leicht gemacht.

Gut möglich, dass auch der alte Horn am Treiben seiner Erben Gefallen finden würde. Als er seine Spirituosenfirma gründete, war er gerade 24 Jahre alt, was auch in etwa mit dem Durchschnittsalter des Publikums heute korrespondiert. Definitiv aber wäre er sehr glücklich, dass die 1931 angebrachte und später verlorengegangene Art-déco-Leuchtreklame seiner Firma im Jahr 2012 eine denkmalgerechte Neufassung erhielt. Finanziert über ein Crowdfunding des Horns Erben Kultur e. V. erstrahlt der Name Horn nun wieder in blauer Schrift auf orangefarbenem Grund und sorgt für eine stimmungsvolle Begrüßung.

- Horns Erben, Arndtstraße 33, 04275 Leipzig Tel. (03 41) 26 42 60 29
www.horns-erben.de
- ÖPNV Tram 10, 11, Haltestelle Südplatz

TUBE
HORN
HORNS ERBEN
HORN
FABRIK u.

Alles außer Forellen

34 Bachfest auf dem Thomaskirchhof

Der Thomaskirchhof ist eigentlich viel größer als die meisten Leipziger annehmen, denn auch die nördlich und westlich der Kirche befindlichen Häuser tragen diese Adresse. Nichtsdestotrotz ist meist nur der südliche etwa 50 mal 30 Meter große Teilbereich gemeint, wenn vom Thomaskirchhof die Rede ist. Dieser aber kommt dafür ungemein idyllisch daher. Neben der kuscheligen Größe des Platzes, sorgt insbesondere die historische Bebauung für Wohlfühlambiente. Aber auch die Tatsache, dass der Autoverkehr – wie in weiten Teilen der Innenstadt – weitestgehend ausgesperrt wurde, trägt zur überaus entspannten Atmosphäre bei. Stattdessen kann man mit etwas Glück von einem der Caféfreisitze aus den Klängen eines Cellos oder einer Violine lauschen, mit denen – den örtlichen Gegebenheiten angemessen – vielleicht gerade Bach zum Besten gegeben wird.

Ein wenig turbulenter geht es Mitte Juni zu, wenn das Bachfest zahllose Groupies des großen Komponisten aus aller Welt anlockt. Die etwa 160 verschiedenen Veranstaltungen des zehntägigen Festivals werden mittlerweile von fast 80.000 Besuchern frequentiert, und natürlich spielt der Thomaskirchhof dabei eine zentrale Rolle. Zum einen aufgrund der Thomaskirche, die nicht nur als wichtigste Wirkungsstätte Bachs gilt, sondern die auch 1949 zu dessen letzter Ruhestätte wurde – der inzwischen dritten.

Wer weiter den Spuren des gefeierten Komponisten folgen will: Der Thomaskirche gegenüber befindet sich das barock gestaltete Bosehaus, das sowohl Bacharchiv als auch Bachmuseum beherbergt. Bach, ein Freund der Boses, kannte das Haus gut, denn er war hier oft zu Besuch und lebte 27 Jahre lang mit seiner Familie gleich nebenan in der Alten Thomasschule. Diese aber wurde 1902 abgerissen und erlitt somit dasselbe Schicksal wie das Geburtshaus Richard Wagners 16 Jahre zuvor – ja, die Planer jener Zeit waren nicht unbedingt die sensibelsten. Nahezu zeitgleich mit dem Abriss der Thomasschule wurde ein überlebensgroßes Denkmal für den in Eisenach geborenen großen Sohn der Stadt geschaffen.

● Thomaskirchhof, 04109 Leipzig
● ÖPNV: Tram 9, Haltestelle Thomaskirche,
S-Bahn S1, S2, S3, S4, S5, S6, Haltestelle Markt

JOHANN
SEBASTIAN
BACH

Inseldasein

35

Kursdorf am Flughafen Leipzig/Halle

Während täglich Tausende Menschen zum Flughafen Leipzig/Halle pilgern, um von hier aus in Richtung Traumstrand zu fliegen, liegt eine Insel, noch dazu eine einsame, gleich direkt neben dem Terminal. Gerade einmal einen halben Quadratkilometer groß ist das seltsame Eiland, das den Namen Kursdorf trägt und in dem es eine Kirche mit Friedhof, eine Handvoll Häuser und eine Altkleidertonne gibt. Dazwischen liegen kleine Getreidefelder und ein großer Parkplatz. Allerdings ist die Insel nicht vom Meer, sondern von den Start- und Landebahnen des Flughafens umgeben, der seit den 1990er-Jahren immer größere Flächen beansprucht. Indessen sorgen die direkt am ehemaligen Dorfanger vorbeiführende A 14 und eine S-Bahnstrecke, die täglich mehr als hundert Züge passieren, für ein so lautes Grundrauschen, dass an Fluglärm kaum zu denken ist. All dies hat inzwischen dazu geführt, dass alle 200 Kursdorfer weggezogen sind und die meisten Gebäude abgerissen wurden.

Zugegeben ein klassischer Glücksort ist Kursdorf nicht. Faszinierend ist ein Besuch dennoch, gerade wegen dessen besonderer Lage mitten im Airport und der damit verbundenen Entwicklung. Vielleicht liegt dies einfach am Stillstand, inmitten des unablässigen Hin und Hers, vielleicht auch am Kontrast zwischen einer 700 Jahre alten Kirche und der sie umzingelnden Moderne oder aber es handelt sich einfach nur um die übliche Faszination für Geisterstädte, auch wenn es sich hier vielleicht um die lauteste Geisterstadt der Welt handelt. Setzt man sich bei deren Erkundung jedoch einen Kopfhörer auf und übertönt den Lärm mit „It's Oh So Quiet“ oder einer adäquaten Melodie, erscheint das Ambiente gleich in einem völlig anderen Ton. Legt man sich dann noch in eines der kleinen Getreidefelder – allerdings möglichst nicht während der Erntezeit – und richtet den Blick gen Kirche, lässt sich die turbulente Verkehrslage recht gut ausblenden und die Abgeschiedenheit in Idylle verwandeln, nur die über die Autobahnbrücke rollenden Jumbojets irritieren in dieser ein wenig.

- Kursdorf, 04435 Schkeuditz
- ÖPNV: S-Bahn S3, S5, S5X, Haltestelle Bahnhof Leipzig/Halle Flughafen (von dort etwa 15 Minuten Fußweg)

Vom grünen Westen

36 Im Clara-Zetkin-Park

Der Clarapark, wie der Clara-Zetkin-Park eigentlich nur genannt wird, ist nicht nur ein riesiges, lauschiges Stück Grün, das den Leipziger Westen auf charmante Weise von der Innenstadt abtrennt. Er beherbergt zudem ein ganzes Sammelsurium kleiner und großer glückspendender Elemente. Da wäre zum einen die Große Warze, die mit unglaublichen 4,52 Metern Höhe höchste Erhebung weit und breit – wobei sie ihre matterhornartige Größe vor allem im Winter ausspielt. In Abwesenheit anderer Berge ist sie der größte Rodelberg in Innenstadtnähe und sobald der erste Schnee fällt, bevölkern gefühlte zehn Milliarden Kinder ihre Steilhänge. Dabei kommen nicht nur Schlitten, sondern auch Skier zum Einsatz. Selbst Snowboarder wurden bereits gesichtet. In der warmen Jahreszeit gastiert indes das Wanderkino hier. Eine natürliche Erhebung ist die Warze jedoch nicht. Es handelt sich vielmehr um die baulichen Reste der Sächsisch-Thüringischen Industrie- und Gewerbeschau, für die die einst sumpfigen Wiesen 1897 erst nutzbar gemacht wurden. Die fast 300 Bauwerke wurden im Anschluss alle wieder abgerissen, nur die Sachsenbrücke nicht. Während unter der Brücke das Wasser des Elsterpleißeflutbetts hindurchfließt, strömt über diese ein Heer von Fahrradfahrern und Spaziergängern. Zugleich ist sie beliebter Treffpunkt zum Gemeinsam-in-der-Sonne-Sitzen, Biertrinken oder zum Fahrradfahrer- und Spaziergänger-Beobachten. Zwei Eisstände und ein Kaffeefahrrad sorgen für angemessene Verpflegung und für den Soundtrack verschiedene Straßenmusiker, denen die Brücke als Bühne dient. Zwar liegen zwischen Warzengipfel und Brückenmitte nicht einmal 100 Meter, doch genau in diesem kleinen Teilstück gibt es noch eine dritte Attraktion – den Glücksbaum. Bis vor Kurzem war dieser noch ein ganz normaler Kastanienbaum, einer von vielen im Park, bis er ein Upgrade erfuhr, indem angefangen wurde, Wunschzettel an seinen Ästen zu befestigen. Ein Beispiel, das schnell Schule machte, sodass an diesen inzwischen mehr Zettel als Blätter zu finden sind.

- Clarapark mit Sachsenbrücke und Glücksbaum, 04107 Leipzig
- ÖPNV: Tram 1, 2, Haltestelle Klingerweg

GLÜCKSBAU

Ballkleid oder Ritterrüstung

37 agra – Veranstaltungsgelände Leipzig

An jedem letzten Wochenende im Monat verwandelt sich das ganz im Süden der Stadt gelegene agra-Gelände in einen riesigen Basar. Flohmärkte finden in Leipzig zwar permanent irgendwo statt, doch dieser hier ist nicht nur der mit Abstand größte der Stadt, sondern er gilt als einer der größten Antik- und Trödelmärkte in ganz Europa. Bereits früh um sieben öffnen sich die Tore, und diejenigen, die ein wirklich besonderes Schnäppchen machen wollen, sollten auch nicht viel später erscheinen. Ein wenig auskennen sollte man sich aber auch, denn bei etwa tausend verschiedenen Händlern, die aus ganz Deutschland, aber auch aus anderen Ländern anreisen, kann schnell mal der Überblick verloren gehen. Zu kaufen gibt es praktisch alles, was schon einmal verkauft worden ist oder schon mal verkauft werden sollte. Möbel, Platten, Bücher, Gemälde, Geschirr, Spielzeug, Ballkleider, Ritterrüstungen, Geweihe, Sammelbilder der Fußball WM von 1978. Wer etwas kaufen möchte, sollte die Grundregeln des Feilschens beherrschen. Allerdings ist es auch durchaus unterhaltsam, das Treiben einfach nur zu beobachten und sich über die kuriosesten Dinge zu wundern, die in den beiden je 5000 Quadratmeter großen Hallen oder auf dem weitläufigen Freigelände feilgeboten werden. Für Speis und Trank wird ebenfalls an diversen Ständen gesorgt und zur Entspannung vom Trubel bietet sich der angrenzende agra-Park wunderbar an. Ursprünglich diente das fast 2 Quadratkilometer große Areal, das von der Bornaischen Straße bis über die Pleiße reicht, der Garten- und Landwirtschaftsausstellung der DDR. Ab 1950 fand diese statt und lockte jährlich bis zu 750.000 Gäste an. Auch heute werden die verbliebenen Hallen des Geländes für Ausstellungszwecke genutzt, wie für die Messen Tattoo & Lifestyle sowie Jagd & Angeln. Zudem dienen die Hallen verschiedenen Veranstaltungen, von der Bonsaischau bis zum Mittelaltermarkt! Und jedes Jahr zu Pfingsten liegt hier der zentrale Veranstaltungsort des Wave-Gotik-Treffens.

● agra Veranstaltungsgelände Leipzig, Bornaische Straße 210, 04279 Leipzig
● ÖPNV: Tram 11, Haltestelle Straßenbahnhof Dölitz

Buddha Nordost

38 Tempelanlage Chùa Phước Nghiêm

Das sich im Stadtteil Schönefeld befindliche Gewerbegebiet Nordost fällt nicht gerade durch architektonische Finessen auf. Viel Beton, viel Asphalt und eine Menge schmuckloser Industriestrukturen aus verschiedensten Dekaden prägen die Gegend, in der sich Unternehmen für Kfz-Technik, Heimelektronik und Abfallentsorgung angesiedelt haben. Eine vietnamesische Tempelanlage erwartet hier wohl niemand. Doch zwischen den Stahlgerüsten eines Industrieanlagenbauers und der vierspurigen Braunstraße wurde eine ebensolche im Jahr 2016 geweiht. Dabei besticht der dreigeschossige Pagodenbau nicht nur durch seine exotische Ausstrahlung, sondern mit seinen geschwungenen Formen, verspielten Reliefs und Säulen auch durch hohe gestalterische Qualität. Besonders auffällig sind zwei mächtige goldene Drachen, die die Besucher von der großen Haupttreppe aus begrüßen. Diese führt in den Altarraum mit drei überlebensgroßen goldenen Buddhastatuen. Fünf Nonnen bewohnen das Haus und schon bald sollen es doppelt so viele sein. Aber der Tempel ist auch religiöses Zentrum der Vietnamesisch-Buddhistischen Gemeinde, die aufgrund der etwa 3500 hier lebenden Vietnamesen besonders groß ist. Leipzig spielt jedoch auch aus anderen Gründen eine besondere Rolle. 1903 wurde hier der erste buddhistische Verein Deutschlands gegründet und mit Karl Seidenstückler lebte zudem einer der Vorreiter der Bewegung in Leipzig, der hier auch eine buddhistische Zeitschrift herausgab.

In Zukunft wird die Anlage, die offiziell als Chùa Phước Nghiêm bezeichnet wird, aber noch weit mehr Eindruck machen, denn die Arbeiten zur zum Tempel gehörende Gartenanlage haben gerade erst begonnen. Ein Teich im Feng-Shui-Prinzip und eine Reihe kleinerer Tempel laden dann wie der Haupttempel selbst dazu ein, von seinen Besuchern bewundert zu werden. Die Türen stehen allen Menschen offen, die dieses Kleinod besuchen oder ihre Religiosität ausleben möchten oder auch nur einen Ort des stillen Glücks suchen.

- Chùa Phước Nghiêm, Kamenzer Straße 1, 04347 Leipzig, Tel. (03 41) 2 34 62 30 www.phuocnghiemleipzig.de
- ÖPNV: Tram 3, Haltestelle Bautzner Straße

Chùa
Phúc Nghiêm
Vihara Pagode

Phänomene des Entzückens

39 Hansahaus und Klangschale

Das Hansahaus ist ein sehr typisches Bauwerk der Leipziger Innenstadt. Da dieses aber jede Menge architektonische Eigenheiten besitzt, ist der Bau nicht unbedingt typisch für Innenstädte im Allgemeinen. So wurden für die Gestaltung des 1906 fertiggestellten Innenhofs unzählige weiße aber auch grüne Keramikkacheln verwendet und auch ein großer Kopf des Handelsgottes Merkur durfte im ehemaligen Mustermessepalast nicht fehlen. Noch bemerkenswerter ist das filigrane Glasdach, das den kompletten Hof überspannt. Dessen Größe von 600 Quadratmetern und die zugleich historisch wie modern anmutende Gestaltung verleihen ihm eine ganz besondere Aura, die auch jederzeit erlebbar ist. Denn das mit Speck's Hof verbundene Haus gehört zum Passagennetz der Innenstadt. Dieses in seiner Dichte einzigartige Wegesystem ist in vielerlei Hinsicht auch ein Glücksumstand. So stehen die meisten der 30 Durchwegungen jederzeit offen, was die erlaufbare innerstädtische Fläche enorm vergrößert. Zudem gewinnt die Shoppinglandschaft an erfreulicher Vielfalt, denn hier finden sich oft auch kleine vom Eigentümer geführte Geschäfte, die zwar mit den Filialen großer Ketten finanziell nicht konkurrieren können, dafür aber noch eine eigene Identität besitzen. Im gestalterischen Sinn gilt dies für jede einzelne Passage, denn diese stammen zum Teil aus ganz unterschiedlichen Zeiten, auch wenn die meisten im frühen 20. Jahrhundert errichtet wurden. Als Umgehungstrasse bei verstopften Straßenzügen oder Schutzzone vor Witterungskapriolen funktionieren sie aber auch heute noch wunderbar. Das Hansahaus zeichnet dabei noch eine andere Besonderheit aus, denn dessen Hauptattraktion ist eine mitten im Hof platzierte Klangschale. Das darin befindliche Wasser kann durch gefühlvolles Reiben an zwei Griffen zum Sprudeln und die Schale zugleich zum Klingen gebracht werden. Eine Kunst, die aber nicht jeder beherrscht und so rubbeln viele erst einmal vergeblich. Gelingt es aber doch, das Phänomen auszulösen, ist das Entzücken umso größer.

● Speck's Hof und Hansa Haus, Grimmaische Straße 15, 04109 Leipzig
● ÖPNV: Tram 4, 7, 8, 12, 15, Haltestelle Augustusplatz

Specks Hof

Endorphine und Ballstafetten

40

Red Bull Arena Leipzig am Sportforum

Dass eine um eine Wiese versammelte Menschenmasse in kollektiven Freudentaumel versetzt werden kann, nur weil ein kugelförmiges Spielgerät eine banale Linie überquert, mag fußballdesinteressierten Menschen und womöglich auch Außerirdischen rätselhaft erscheinen. Doch kann man wohl nirgendwo so viele glückliche Gesichter auf einmal entdecken, wie nach einem hart umkämpften Heimsieg. Dementsprechend ist ein Stadion für ein Buch, in dem Glücksorte präsentiert werden, ein absolutes Muss.

Das Leipziger Stadion befindet sich in zentralster Lage, was die Namensfindung 1956 enorm erleichterte. „Zentralstadion" hieß es lange Zeit oder auch „Stadion der Hunderttausend", weil über hunderttausend Zuschauer hineinpassten. Für die Sommermärchen-WM 2006 wurde dann aber ein neues kleineres Stadion gebaut – und zwar mitten ins alte hinein. Die Bezeichnung „Stadion der Zweiundvierzigtausendneunhundert" bürgerte sich hierbei zwar nicht ein. Dafür wurde es 2010 in Red-Bull-Arena umgetauft, in der die Mannschaft von Rasenballsport Leipzig spielt. Diese ist seit der Erfindung der Traditionsclubs das wohl umstrittenste Team des deutschen Fußballs, was die rot-weiß gewandeten Fans allerdings herzlich wenig stört. Scharenweise strömen sie am Spieltag von allen Richtungen heran, erklimmen die großen Treppen, die den alten Stadionwall hinaufführen und skandieren dabei lautstark „Ehr Beh Ehel, Ehr Beh Ehel" oder fachsimpeln über die Vorteile eines zweiten Sechsers. Über Brücken geht es dann weiter in den Kessel im Kessel und schließlich zum Bierstand. Seltsamerweise wird diese sich alle zwei Wochen wiederholende Prozedur nie langweilig. Im Anschluss passiert dann auch beim „Retortenclub" all das, was andernorts auch genau so passiert: Auf dem Rasen wird gerannt, gepasst und getakelt, während auf den Rängen gegrölt, gehüpft, mit dem Schal gewedelt, gesungen, alles besser gewusst, geschimpft und manchmal auch gejubelt wird – je nachdem auf welche Linie sich das runde Spielgerät gerade zubewegt.

- Red Bull Arena Leipzig, Am Sportforum 3, 04105 Leipzig, Tel. (03 41) 2 34 11 00
www.arena-leipzig.de/red-bull-arena
- ÖPNV: Tram 3, 7, 8, 15, Haltestelle Sportforum Süd

Hut, Fliege, Schminke

41 Clown-Museum Leipzig

Wohl kein Berufszweig verursacht so viel Heiterkeit, wie der des Clowns! Und so versteht es sich von selbst, dass das in der Breiten Straße befindliche Leipziger Clown-Museum Eingang in dieses Buch der Leipziger Glücksorte findet. Begrüßt wird der Besucher mit dem Charlie-Chaplin-Zitat „Ein Tag ohne Lachen ist ein verlorener Tag" – und natürlich ist auch der großen Stummfilmlegende ein kleiner Bereich im Museum gewidmet.

Inzwischen existiert dieses seit zehn Jahren, wobei es nicht etwa von einem Clown, sondern von einem passionierten Clownbewunderer und pensionierten Architekten begründet wurde. Bereits in seiner Jugend war sein Interesse an den vielseitigen Komikern durch ein Buch über Grock, einen der berühmtesten Clowns aller Zeiten, geweckt worden. Zum Interesse gesellte sich schließlich die Sammelleidenschaft für alles, was mit dem Thema Clown zu tun hat. So beherbergt die Ausstellung inzwischen über 3500 Filmplakate, mehr als 3000 Figuren aus allen erdenklichen Ländern und Materialien, zahllose Marionetten sowie historische Informationen in Form von Zeitungsartikeln und Fotografien. Darüber hinaus können Originalkostüme vieler Stars der Branche wie Oleg Konstantinowitsch Popow, Walter Galetti oder Clown Ferdinand oder aber der Schminkkasten von Charlie Rivel bewundert werden. Da das Museum einen sehr guten Ruf besitzt, werden diesem auch immer neue Stücke anvertraut. Dessen Bekanntheit in Leipzig ist dabei sehr viel geringer ausgeprägt, als in der erstaunlich großen Szene Europas. So wurde das Haus im Jahr 2014 auch mit dem „Planet of Smile Award" vom World Parliament of Clowns bedacht und regelmäßig statten bekannte Größen aus unterschiedlichsten Ländern dem Museum einen Besuch ab – allerdings nicht nur, um sich umzuschauen. Denn einer der vier Räume ist auch mit einer kleinen Bühne ausgestattet, die regelmäßig für Auftritte genutzt wird. Für Kindergarten- und Schulkinder werden Vorführungen organisiert und so die Leidenschaft fürs Lachen in die neue Generation weitergetragen.

- Dipetos Welt der Clowns e. V., Clown-Museum Leipzig, Breite Straße 22, 04317 Leipzig, Tel. (01 70) 3 11 03 32, www.clown-museum.de
- ÖPNV: Tram 4, Haltestelle Breite Straße

Französische Schokoträume

42 La Chocolaterie in Schleußig

„Oui, oui“ sind die einzigen französischen Vokabeln, welche der Autor dieses Buches sicher beherrscht, jedoch genügen sie völlig, um die meisten Fragen der beiden französischen Inhaberinnen frankofon enough zu parieren. „Schmeckts?“ zum Beispiel oder „Darf's noch ein bisschen mehr sein?“ Selbst auf die Frage „Drinnen oder draußen?“ lassen sich die beiden Wörter wunderbar anwenden. Denn das Ambiente an der Könneritzstraße 3 ist sowohl innen als auch auf dem Freisitz überaus stimmig. Letzterer befindet sich am Eingang zum Clara-Zetkin-Park ein wenig versteckt im Flussbett eines längst verfüllten Seitenarms der Pleiße, der den klangvollen Namen „Rödel“ trug. Einige Weiden verbreiten noch immer einen Hauch Flussflair und das farbenfrohe Freisitzinventar gute Laune. Das Innere des in einem Gründerzeitbau befindlichen Cafés glänzt indes mit Gemütlichkeit und ebenfalls mit viel Liebe zum Detail. Das Herzstück des Raums ist dabei ein großer Tresen, an dem verschiedenste Leckerbissen präsentiert werden. Und das, was schon lecker aussieht, schmeckt dann noch leckerer. Trüffel beispielsweise, die sowohl als süße Variante angeboten werden, aber auch in verschiedensten anderen Geschmacksrichtungen, beispielsweise in Kombination mit Thymian oder Tonkabohnen, verspeist werden können. Mindestens genauso empfehlenswert ist die Tarte, eine französische Mürbeteigversion, die ebenfalls herzhaft belegt werden kann, hier meist aber mit Früchten garniert als süße Variante angeboten wird. Noch süßer ist freilich die flüssige Schokolade, deren Genuss allerdings auch schnell abhängig machen kann. Leider darf man darin nicht baden, aber das ist auch das einzige Manko in der La Chocolaterie. Eröffnet wurde diese von Isabelle Léonard und Alexandra Picouays bereits im Jahr 2007. Ursprünglich logierte das Café jedoch in der Querstraße, später in der Waldstraße, bis 2018 der Sprung ins schöne Schleußig gewagt wurde.

TIPP

Zum Mitnehmen gibt's „Hüftgold aus klein Paris“!

● La Chocolaterie, Könneritzstraße 3, 04229 Leipzig, Tel. (03 41) 5 61 12 68
www.la-chocolaterie.de

● ÖPNV: Tram 1, 2, Haltestelle Holbeinstraße

Fauna to go

43 Im Wildpark Leipzig

In einer Gegend, in der es noch mehr Tiere als Menschen gibt (von sonnigen Wochenendtagen mal abgesehen) und wo sich Fuchs und Luchs noch „Gute Nacht“ sagen, genau dort liegt der Leipziger Wildpark.
Fuchs und Luchs leben hier allerdings in artgerechten Gehegen und neben „Lüchsen“ und Füchsen gibt es noch 23 andere Tierarten auf dem 42 Hektar großen Areal zu bestaunen, darunter Wisente, Elche, Otter, Nerze und Uhus. Exoten gibt es keine, denn das Augenmerk gilt der heimischen Fauna oder auch den Tierarten, die in der Vergangenheit zu dieser gehörten. Aber nicht nur die Tierwelt ist einen Besuch wert, auch landschaftlich ist die Anlage sehr reizvoll gestaltet, die sich direkt an der Pleiße im südlichen Auwald befindet. Erstaunlicherweise wird kein Eintritt für den Park verlangt, nur für den Besuch der Haustierfarm, wo Kühe, Esel und andere Bauernhofbewohner warten, muss gezahlt werden. Umso bemerkenswerter ist, dass auch mehrere Spielplätze auf dem Areal existieren, sodass sich nach der Bestaunung der herumtollenden Wildschweinjungen auch die eigenen Frischlinge ausgiebig austoben können. In der am idyllischen Hakenteich gelegenen Wildparkgaststätte und im schnuckligen russischen Blockhaus wird indes fürs kulinarische Wohl auf hohem Niveau gesorgt.
Entstanden ist der Wildpark eigentlich nur, weil der Stadt Leipzig im Jahr 1904 vier Damhirsche geschenkt worden sind, die natürlich auch anständig untergebracht werden mussten. In den folgenden Jahren vermehrte sich der Tierbestand beziehungsweise wurde vermehrt. Auch die bauliche Ausstattung des schon bald beliebten Ausflugsortes wurde kontinuierlich erweitert. Allerdings wurde diese zum größten Teil während des Zweiten Weltkriegs zerstört und auch der damalige Tierbestand kurz darauf in die Freiheit entlassen. Der heutige Wildpark entstand an der Stelle des alten erst mehr als 30 Jahre später. Seitdem ist er Anziehungspunkt für Jung und Alt, für Tierfreunde und Spaziergänger und für Leipziger und Auswärtige.

● Wildpark, Koburger Straße, 04277 Leipzig, Tel. (03 41) 26 49 60 04
www.wildparkverein-leipzig.de
● ÖPNV: Bus 70, Haltestelle Wildpark

Im Reich des Hopfens

44 Cliff's Brauwerk im Waldstraßenviertel

Das Waldstraßenviertel eignet sich wunderbar für architektonische Zeitreisen, wobei die der hier befindlichen Leibnizstraße in die Zeit der 1860er-Jahre einlädt. Neorenaissancepaläste italienischer Prägung mit knapp 4 Meter hohen Decken, Hochparterre und geschmeidige Traufkanten prägen das Straßenbild. Einzig die Zahl der hier verkehrenden und abgestellten Kutschen ist inzwischen um ein Vielfaches höher als in der Vergangenheit.

Verändert hat sich jedoch nicht nur die Nutzung des Straßenraums, sondern auch die der Keller, hier aber zum Positiven. Denn dort, wo einst Kohlebriketts oder Kartoffeln lagerten, sind nun oft kleine Läden oder gastronomische Einrichtungen zu finden. Dass der Begriff Keller dabei ein wenig irreführend ist, wird schnell deutlich, wenn man die zehn Stufen zum Cliff's hinabsteigt. Etwa 150 Jahre alt sind die hier liegenden Gewölbe, die über jede Menge historisches Ambiente, aber auch über fast 2,50 Meter Deckenhöhe verfügen. Seit dem Jahr 2015 werden diese durch eine Mikrobrauerei mit charmanten Gastraum genutzt. Dass das Thema Bier im Fokus steht, ist bereits an der Ausstattung erkennbar. Neben der Bar steht ein großes Regal, in dem die gebrauten Köstlichkeiten des Hauses elegant präsentiert werden. Die Tische des Lokals wurden aus Fässern gezimmert. Das kulinarische Angebot besteht aus einem gratis All-you-can-eat-Angebot für Salzstangen und fünf Sorten Fassbier: Weizen, Pils, Alt, India Pale Ale oder Bock. Bier wie auch Beratung sind exzellent, und die Leidenschaft, mit der dieses empfohlen wird, erinnert im besten Sinne an die gastronomischen Gepflogenheiten Italiens. Die Produktpalette ändert sich ständig und auch alte Rezepturen werden stets mit neuen Nuancen versehen. Ein Ansatz, der den Großbrauereien völlig abhandengekommen ist. Allerdings wird bei Cliff's das Brauen eben auch noch als Handwerk verstanden – und als Leidenschaft.

● Cliff's Brauwerk Leipzig, Leibnizstraße 17, 04105 Leipzig, Tel. (03 41) 97 44 10 02
www.cliffs-brauwerk-leipzig.de
● ÖPNV: Tram 3, 4, 7, 15, Haltestelle Leibnizstraße

Vom Fass
Alt
India Pale Ale
Cliff's

Tanz, Tanz, Tanz

45 Baileo – Tanzpassion Leipzig

Von außen erscheint das Haus am Dittrichring 17 ein wenig klobig und der Eindruck wird nicht besser beim Anblick des bemerkenswert sterilen Treppenhauses. Von Leidenschaft scheint man hier meilenweit entfernt zu sein. Tatsächlich aber wartet diese im zweiten Obergeschoss, der Heimat des Tanzstudios Baileo – Tanzpassion Leipzig. Schon gestalterisch betritt man hier eine völlig andere Welt, deren Konturen allerdings erst mühevoll von den Inhabern herausgearbeitet werden mussten. Denn in der späten DDR-Zeit wurde der komplette Bau in ein Robotron-Rechenzentrum verwandelt und mit einer entsprechend charmanten Aura versehen. Nun aber dominieren warme Farben, Eichenholzparkett, eine kleine Bar und die Aussicht aufs Grün der Promenaden die 450 Quadratmeter großen Räumlichkeiten. Sind diese in Nutzung, besitzt der Ort noch weit mehr Temperament. Seit 2017 wird hier getanzt, was auch die Namensgebung erklärt, denn „Bailar" ist spanisch und bedeutet tanzen, das „Leo" steht für Leipzig. Die Kursangebote reichen von Ballett über Hip Hop bis hin zu unterschiedlichsten afrokaribischen Tänzen, allen voran Salsa. Ein Tanz, der die Leichtigkeit des Seins in Bewegung fasst und zugleich süchtig macht, wie die beiden aus Kuba und Thüringen stammenden Inhaberinnen sagen. Da beim Salsa jeder mit jedem tanzt ist das Kennenlernen neuer Menschen nicht nur möglich, sondern unumgänglich, sodass man sich auch als Einzelperson anmelden kann. Die einzige Voraussetzung ist ein gewisses Faible für Geselligkeit, denn der Tanz ist recht einfach zu erlernen. Neben den Kursangeboten, die auch musikalische Früherziehung und Kindertanzkurse umfassen, wird das Baileo aber auch für eine Reihe von Veranstaltungen genutzt, für Salsapartys, Tangonächte oder als Tanzcafé mit Kinderbetreuung. Auch Lesungen und Konzerte finden hin und wieder statt, während die Allerkleinsten im Tragetuch beim Babymambo auf ihre Kosten kommen. Sehr vorteilhaft hierbei ist, dass sich die Tanzpartner unmöglich auf die Füße treten können.

- Baileo – Tanzpassion Leipzig, Dittrichring 17, 04109 Leipzig, Tel. (03 41) 12 69 64 49 www.baileo.de
- ÖPNV: Tram 9, Haltestelle Thomaskirche, Tram 1, 14, Haltestelle Gottschedstraße

Frischetrends

46 Im Molekaühl Eiscafé

Anders als die meisten Leipziger Stadtteile, die aus mittelalterlichen Dorfgründungen hervorgingen, entstand Neustadt-Neuschönefeld erst mit der Industrialisierung. Als Dorfanger fungierte hier die erste deutsche Ferneisenbahnstrecke Leipzig–Dresden, die, 1839 eingeweiht, einst direkt neben der Eisenbahnstraße verlief. Angesichts der parallel verlaufenden Verkehrsströme, galt sie damals vielleicht sogar als gefährlichste Straße Deutschlands. Bis zur Verlegung der Bahntrasse 1879 war jedoch nur die südliche, die Neuschönefelder Seite des Areals bebaut. Von den einst 240 Häusern existieren inzwischen jedoch nur noch etwa 30, während die einige Jahrzehnte später errichtete Neustadt aufgrund des intakteren baulichen Zustandes nahezu vollständig erhalten blieb. Eine der Straßen hier ist die baumbestandene Hedwigstraße, in der inzwischen auch fast alle Bauten saniert und neue gastronomische Einrichtungen eröffnet worden sind, wie das Analog-Café, das Pögehaus oder das Molekühl. Letzteres gibt es erst seit dem Jahr 2018 und neben der delikaten Eiscreme wird es auch wegen seiner leckeren hausgemachten und preiswerten Kuchen und Limonaden angepilgert. Zudem besticht das Innere des Lokals durch den besonderen Charme selbst gezimmerten Holzmobiliars, das aber nicht nur kulinarischen Zwecken dient. Sondern es bietet Besuchern bei den kulturellen Veranstaltungen wie Lesungen oder kleineren Konzerten, die regelmäßig hier stattfinden, ein lauschiges Plätzchen. Vorm Haus wird indes gerne „gecornert", denn neben dem Freisitz, der einen schönen Blick auf die Heilig-Kreuz-Kirche bietet, werden bei passendem Wetter auch die vier Ecken der Kreuzung zur Ludwigstraße für einen ungezwungenen Eisgenuss besetzt. Gleiches gilt für die Kundschaft des gegenüberliegenden Spätverkaufs, denn anders als in der stets gut frequentierten Eisenbahnstraße geht es in den nördlich davon verlaufenden Parallelstraßen sehr viel entspannter zu. Diese eignen sich wunderbar für eine kleine Zwischenmahlzeit – mit Blick auf die Baukultur des späten 19. Jahrhunderts.

● Das Molekühl Eiscafé, Hedwigstraße 6, 04315 Leipzig, Tel. (0 15 73) 2 45 12 79
● ÖPNV: Tram 1, 3, 6, Haltestelle H.-Liebmann-/Eisenbahnstraße

Aula mit Aura

47

Im Paulinum

Unter den vielen Neubauten der Nachwendezeit gilt das im Jahr 2017 eingeweihte Hauptgebäude der Universität sicherlich als das außergewöhnlichste Bauwerk. Das umstrittenste ist es vermutlich auch, was nicht zuletzt die komplizierte offizielle Bezeichnung „Paulinum" aufzeigt, die mit dem Zusatz „Aula und Universitätskirche der Universität" versehen ist. Auch gestalterisch werden verschiedene Ebenen verschmolzen. So soll der von Erick van Egeraat entworfene Bau an die 1968 gesprengte Paulinerkirche erinnern, deren Silhouette mehr als 700 Jahre lang die Stadt an dieser Stelle prägte. Der Neubau bringt diese wie auch die Konturen des Augusteums wieder zum Vorschein, dessen Formsprache aber entstammt dem 21. Jahrhundert. Eine eigenwillige, aber durchaus gelungene Kombination, die dem Bau bereits von außen eine ungewöhnlich sakrale Ausstrahlung verleiht. Sehr viel stärker noch kommt diese im Inneren zum Tragen. Bemerkenswert ist zudem, wie dieser Raum erscheint. Dominiert wird er durch die Nachbildung des alten gotischen Säulengewölbes, dass allerdings aus Gips und hinterleuchtetem Glas besteht. Um den Raum uneingeschränkt nutzen zu können, treffen einige der „Säulen" zudem nicht auf dem Boden auf, sondern enden bereits 3 Meter darüber. Sehr viel umstrittener war indes der Einbau einer aufschiebbaren Glaswand, die als Raumteiler zwischen Lehre und Kirche in Form von Aula und Andachtsraum fungiert. Letzterer dient auch als Ausstellungsort zahlreicher Objekte, die vor der Sprengung der Kirche gerettet werden konnten. Darunter befindet sich auch der mehr als 500 Jahre alte spätgotische Schnitzaltar, aber auch 30 Epitaphien aus dem 16. bis 18. Jahrhundert, die aufwendig restauriert wurden. Das Ergebnis ist ein Ort von erstaunlicher gestalterischer Qualität und historischer Tiefe, der trotz aller Widersprüche und Widerstände eine bemerkenswerte Ruhe ausstrahlt. Eingeweiht wurde das Paulinum nach zehn Jahren Bauzeit zum 608. Geburtstag der Universität.

● Paulinum – Aula und Universitätskirche St. Pauli, Augustusplatz 10, 04109 Leipzig, Tel. (03 41) 97-3 50 38, www.campus-augustusplatz.de/paulinum
● ÖPNV: Tram 4, 7, 8, 10, 11, 12, 14, 15, 16, Haltestelle Augustusplatz

Wachgeküsst am Waldesrand

48

In der Villa Hasenholz

Zwar liegt die Villa Hasenholz nur etwa 4 Kilometer Luftlinie von der Leipziger Innenstadt entfernt, doch hinterm Haus beginnt der Wald. Jede Menge Wald. Aus historischer Sicht handelt es sich sogar um eine Reihe verschiedener Wälder, die Bezeichnungen tragen wie Leutzscher Holz, Burgaue oder eben Hasenholz. Eine Gegend, die fernab aller städtebaulichen Innovationen noch immer wild und natürlich ist, weshalb die Universität Leipzig das Innenleben der fulminanten Baumansammlung auch vom Kran aus wissenschaftlich beobachtet.

Die 1873 am Waldrand erbaute Villa diente anfänglich als Wohnhaus, doch bereits zehn Jahre später wurde kräftig angebaut und das Haus unter dem Namen „Zur Burgaue" nun gastronomisch genutzt. In dieser Zeit entstand auch der 230 Quadratmeter große Saal, der noch weitestgehend unsaniert ist. Der üppige Stuck der alten Kastendecke, zeugt trotz des gebrauchten Zustands noch immer vom alten Glanz. Perspektivisch soll diese restauriert, die alten Deckengemälde wieder hergestellt und Parkett, Orchestermuschel und der übrige Raumschmuck denkmalgerecht saniert werden. Für die Colonade ist dies bereits geschehen. Der lichtdurchflutete langgestreckte Raum, wird nur durch eine riesige Front gesprosster Fenster von der Außenwelt abgegrenzt. Bis in die 1960er--Jahre wurde das besondere Lokal am Waldrand als solches genutzt. Es folgte ein Downgrade zum Warenlager der HO und ein weiteres nach der Wiedervereinigung, denn 15 Jahre lang blieb das Haus ohne Nutzung. Im Jahr 2007 wurde das inzwischen stark baufällige Ensemble wiederentdeckt und wird nun als Künstlerhaus genutzt.

TIPP
Sonntags zum pompösen Frühstücksbuffet!

Seitdem ist einiges passiert. Im wiederentstandenen Biergarten, der jedoch nur sonntags öffnet, herrscht ein ganz besonderes Flair und auch die Pension im Haus wird von Gästen sehr geschätzt. Von hier aus lassen sich sowohl Wald- als auch Großstadtluft schnuppern.

- Villa Hasenholz, Gustav-Esche-Straße 1, 04179 Leipzig, Tel. (03 41) 52 98 36 17
www.villahasenholz.de
- ÖPNV: Tram 7, S-Bahn S1, S4, Haltestelle Bahnhof Leutzsch

Villa Hasenholz
Pension für Künstler und Freunde

Am Anfang war die Katze

49

Im UT Connewitz

Wer die Wolfgang-Heinze-Straße entlangläuft, muss schon recht gut aufpassen, um im Meer der Gründerzeitwohnbauten ein Kino zu entdecken – oder auch nur einen Hinweis darauf. Über den Schaufenstern eines kleinen Buchladens, zwischen Naturbackstube und Fernsehservice, finden sich dann aber die Worte: „Film, Musik und Bühne". Daneben dreht sich ein braunes Schild im Wind mit den Lettern UT darauf, die für Union Theater stehen – eine längst vergessene, aber einst überaus erfolgreiche Kinokette.

Eingeweiht wurde Leipzigs ältestes noch existierendes Lichtspielhaus am ersten Weihnachtsfeiertag 1912 mit dem Film „Die schwarze Katze". Eine Kriminalgeschichte in Schwarz-Weiß und natürlich ein Stummfilm. Etwa 650 Zuschauer fasste der Saal damals noch, der wie in dieser Zeit üblich, einem griechischen Tempel nachempfunden worden war. Im Unterschied zum antiken Vorbild besteht dieser allerdings aus Stahlbeton. In den 1980er-Jahren wurde zudem eine Bühne eingebaut, die sowohl Platz für Jugendweihefeiern als auch für Punkrockkonzerte bot. Es folgten die Nutzung durch eine Videothek und den Leipziger Jazzclub. 1992 dann die Schließung.

Neun Jahre vergingen, bis der der Verein UT Connewitz das Kleinod entrümpelte und schließlich auch wiedereröffnete. Dabei besticht der Filmtempel noch immer durch seine ursprüngliche Gestaltung, aber auch durch die Gebrauchsspuren eines ganzen Jahrhunderts. Den Charme des Baus beeinträchtigt dies jedoch nicht, im Gegenteil. Dessen raue Eleganz macht ihn zu einem ganz besonderen Veranstaltungsort. So ist das UT heute nicht nur ein besonderes Programmkino, sondern auch ein Spielort für Theater und gute Konzerte. Die musikalische Palette ist dabei überaus breit und mit Punk, Folk, Jazz, Balkanbeats bis hin zur Filmmusik noch längst nicht ausgereizt, wobei schon die Beleuchtung ein Highlight darstellt. Für seine Programmauswahl wurde das Haus auch bereits mit dem Deutschen Spielstätten Programmpreis bedacht.

● UT Connewitz, Wolfgang-Heinze-Straße 12 a, 04277 Leipzig
Tel. (03 41) 4 62 67 76, www.utconnewitz.de
● ÖPNV: Tram 9, 10, 11, Haltestelle Connewitz, Kreuz,
Tram 9, Haltestelle Mathildenstraße

Neubau in Marmor

50 In der Universitätsbibliothek

Die „Albertina“ ist einer der schönsten Orte Leipzigs, um zu lesen und zu studieren! Dass der 1891 eingeweihte Bau dem Stil der Renaissance nachempfunden wurde, verstand sich von selbst, denn schließlich wurde in jenem Zeitalter, das Wissen in die Welt gebracht. Besonders auffällig sind die drei großen steinernen Köpfe über den Eingangstüren, die Stärke, Schönheit und Weisheit repräsentieren. Dass es sich um ein Universitätsgebäude handelt, verdeutlicht aber wohl am stärksten die Armada davor geparkter Fahrräder.

Auch das Innere besticht durch unzählige Details und jede Menge zeitlose Eleganz. Der mit Glas überwölbte Eingangsbereich wirkt besonders eindrucksvoll. Von hier aus führt eine großzügige, von Säulen flankierte Treppenanlage zu den Lesesälen. Dass die Hälfte des Hauses wenige Tage vor Kriegsende bis auf die Kellergeschosse zerstört und die erhabene Treppe die folgenden Dekaden als eine von Bäumchen flankierte Freitreppe dahinvegetierte, ist angesichts all der historistisch anmutenden Pracht kaum vorstellbar. Aber das ist natürlich noch nicht alles, was den Bibliophilen in diesem schönen Universitätsgebäude erwartet: 5,5 Millionen Bücher umfasst der gesamte Bestand, der zum Großteil auch direkt im Haus gelagert wird. Dazu gehören 3500 Jahre alte Papyrussammlungen oder der Codex Sinaiticus, die weltweit älteste erhaltene Handschrift des Neuen Testaments. Wer lesend die besondere Atmosphäre des Hauses noch ein wenig genießen will, setzt sich in einen der einstigen Innenhöfe, durch deren Überdachung die Zahl der Leseplätze auf etwa 800 verfünffacht werden konnte. Wem gerade nicht nach Lesen zumute ist, kann im schmucken kleinen Café namens Alibi den Albertina-Besuch ausklingen lassen. Oder sich die Dokumentation mit zahlreichen Fotografien zur Geschichte des Baus und dessen Wiederaufbaus zu Gemüte führen.

- Universitätsbibliothek Leipzig: Bibliotheca Albertina, Beethovenstraße 6, 04107 Leipzig, www.ub.uni-leipzig.de
- ÖPNV: 2, 8, 9, 14, Haltestelle Neues Rathaus

Mockauer Höhepunkte

51 Kletterturm Leipzig

Etwa 5 Kilometer nördlich der Leipziger Innenstadt liegt der Stadtteil Mockau, dessen höchstes Gebäude lange Zeit der im Jahr 1907 erbaute Wasserturm an der Tauchaer Straße war. 70 Jahre lang wurde er auch als solcher genutzt. Mit einst 58 Metern Höhe überragte er sogar noch die 16-geschossigen Plattenbauten, die in den 1970er-Jahren in direkter Nachbarschaft platziert wurden. Inzwischen fehlt ihm jedoch die Dachhaube, die aus Sicherheitsgründen demontiert werden musste, und so misst er nun nur noch 40 Meter. Doch 40 Meter können sehr viel sein, besonders wenn man versucht, diese zu erklimmen.

Seit dem Jahr 2004 ist dies möglich, denn seitdem ist der Wasserturm ein Kletterturm. 15 Meter Durchmesser misst der Innenbereich, der in drei Ebenen aufgeteilt ist, auf denen in unterschiedlichen Schwierigkeitsgraden geklettert werden kann. Zugleich ist es aber auch möglich, die gesamte Distanz zu erklimmen. Dabei gilt die 30 Meter hohe Wand als höchste Indoorkletteranlage Europas und allein hier stehen 1200 Quadratmeter Kletterfläche zur Verfügung. 200 Quadratmeter davon können auch fürs Bouldern, also fürs Klettern ohne Seil in Absprunghöhe genutzt werden. An der Außenseite lassen sich noch einige Meter mehr zurücklegen, sodass man sich an insgesamt 210 verschiedenen Routen ausprobieren kann. Und hat man es außen bis nach oben geschafft, wird man mit einem großartigen Blick über den gesamten Leipziger Norden belohnt – selbst die Innenstadt ist von hier erkennbar. Für Anfänger werden Schnupperkurse angeboten, wobei das nötige Material vor Ort ausgeliehen werden kann. Wer es nicht beim Schnuppern belassen möchte, kann sich im turmeigenen Shop mit eigenem Equipment ausstatten lassen. Auch die Verpflegung ist abgesichert. Snacks, Pasta, Pizza und Getränke werden in einem gemütlichen Restaurant angeboten, zu dem auch ein Biergarten mit Kletterfelsen gehört. Darüber hinaus bietet der Kletterturm für die Fans echter Felsen auch Reisen in gebirgigere Regionen an.

- Kletterturm Leipzig, Tauchaer Straße 14, 04357 Leipzig, Tel. (03 41) 6 00 57 76
www.kletterturm.info
- ÖPNV: Tram 9, Haltestelle Mockau, Kirche

Back(en) to the Roots

52

Bäckerei & Konditorei Göbecke

Tag für Tag stehen die Göbeckes mitten in der Nacht auf, um die Leipziger mit Semmeln und Eierschecke zu versorgen – und das bereits seit mehr als hundert Jahren! Als zum ersten Mal der Backofen angeschmissen wurde, befand sich der Leipziger Hauptbahnhof noch im Bau, die Bäckerei lag indes noch in der Mittelstraße und Hans Poeche, nach dem die Straße heute benannt ist, war gerade einmal fünf Jahre alt.
Inzwischen hat die vierte Generation in der Backstube das Ruder übernommen, vieles aber ist beim Alten geblieben. Und das ist auch gut so. Denn im Zeitalter von Filialisierung und vorproduzierter Teigrohlinge ist es leider keine Selbstverständlichkeit mehr, dass Backen wirklich als ein Handwerk begriffen wird. Ein Unterschied, der sich aber erschmecken lässt, beispielsweise an den zehn unterschiedlichen Brotsorten, die täglich angeboten werden. Dabei umfasst die Palette sowohl das klassische Roggenmischbrot als auch exotischere Variationen, die mit Walnüssen oder mit Rucola-Parmesan-Aroma punkten. Die Auswahl an täglich angebotenen Kuchen und Torten ist ähnlich groß, wenngleich die Variationsmöglichkeiten hier noch weit größer sind. Auch Sonderanfertigungen mit aufwendigem Dekor für Geburtstage, Hochzeiten oder – wenn gewünscht – auch für Scheidungen werden kreiert. Die Qualität wird hierbei durch die Verwendung natürlicher Rohstoffe und alter Familiengeheimnisse sichergestellt, nicht zuletzt weil das Obst noch immer aus dem eigenen Garten kommt. Gebacken wird jedoch nicht nur für das Ladensortiment, sondern auch für diverse Großkunden, zu denen verschiedene Leipziger Hotels, Fleischereien oder Cafés gehören. Ein Kundenkreis, der bereits von Beginn an zur Kundschaft gehörte und zu dem einst auch Auerbachs Keller zählte. Dementsprechend gibt es jede Menge zu tun und so arbeiten mehr als 20 Angestellte in der Bäckerei, die inzwischen auch als Bistro fungiert. Und auf der dazugehörigen Terrasse lässt es sich genüsslich an einem noch warmen Rosinenbrötchen oder einer Leipziger Lerche knabbern.

TIPP

Manche würden für die Rumkugeln sterben, aber es gibt sie nur dienstags oder mittwochs und nur so lange der Vorrat reicht.

● Bäckerei & Konditorei Göbecke, Hans-Poeche-Straße 13, 04103 Leipzig
Tel. (03 41) 2 11 20 25, www.baeckerei-goebecke.de
● ÖPNV: Tram 1, 3, 8, Bus 72, 73,
Haltestellen Hofmeisterstraße undFriedrich-List-Platz

Sonnenblum.kern
Brot 750g 2,70 €
Malz-Brot
750g 2,70 €
Walnuss-Brot
750g 2,90 €
Chia-Vollkorn
Brot 750g 3,30 €
Reines Roggenbrot
500g 1,80 €
Früchte-Brot
500g 2,70 €
Kornknacker-Brot
1 Kg 3,20 €
Vollkorn-Brot
750g 2,90 €
Tagesspezial-
brötchen 0,50 €

Fabrikkultur

53 Werk 2 – Kulturfabrik Leipzig

Direkt am Connewitzer Kreuz, umgeben von Wohnbauten aus der Kaiserzeit, befindet sich das Werk 2. Der Name verweist noch auf die DDR-Zeit, in der die Fabrik Bestandteil des VEB Werkstoffprüfmaschinen Leipzig war, zu dem auch die in der Arthur-Hoffmann- und der Torgauer Straße liegenden Werke 1 und 3 gehörten. Die Wurzel der drei einst separaten Unternehmen reichen jedoch sehr viel weiter zurück. So wurde das Werk 2 bereits 1848 von einem französischen Industriellen gegründet, der im kleinen alemannischen Dorf Connewitz Gasmessanlagen herstellen ließ. Die meisten der heute hier zu findenden Klinkerbauten, inklusive des großen Schornsteins, entstanden im späten 19. Jahrhundert. Nur ein Teil der Halle A, die einer dreischiffige Basilika gleicht, stammt noch aus der Anfangszeit.

Gasmesser werden hier nicht mehr produziert. Dafür aber jede Menge Klänge, denn der 1200 Zuschauer fassende Bau wird für größere Konzerte und verschiedene Partyreihen genutzt. Für kleinere Events steht die Halle D zur Verfügung, die erst vor einigen Jahren wieder reaktiviert worden ist. Betrieben wird das gesamte urige Areal seit 1992 vom Werk 2 – Kulturfabrik Leipzig e.V., wobei das Gelände vier Jahre später von der Stadt Leipzig erworben wurde. Mittlerweile haben sich in den zahllosen kleinen und großen Räumen unterschiedlichste Nutzungen etabliert. So kann man sich in Werkstätten für Grafikdruck oder Keramik ausprobieren, zum Glasbläser werden oder aber auf ein Bier in der ConnSTANZE einkehren, die als Kneipe in die ehemalige Stanzerei der Fabrik eingezogen ist. Theater wird hier natürlich auch gespielt und zugleich ist das Werk auch zur Heimat vieler kleiner Vereine geworden. In der Weihnachtszeit verwandelt es sich 10 Tage lang in einen riesigen Weihnachtsmarkt, der aber um einiges entspannter und unangepasster daherkommt, als die üblichen Formate, denn zu den Anbietern zählen hier Kunsthandwerker und viele kleine individuelle Händler, die ganz besondere Geschenkideen bereithalten.

● Werk 2, Kochstraße 132, 04277 Leipzig, Tel. (03 41) 3 08 01 40
www.werk-2.de
● ÖPNV: Tram 9, 10, 11, Haltestelle Connewitz, Kreuz

WERK
BETTER RUN

My home is my Laube

54 Im Deutschen Kleingärtnermuseum

Unternehmen Touristen aus Fernost eine Stadtrundfahrt durch Leipzig, fragen sie im Anschluss nicht selten, warum es in der Stadt so viele Gettos gibt. Damit gemeint sind allerdings nicht etwa die hiesigen Gründerzeitviertel und ebenso wenig die Plattenbaugebiete, sondern vielmehr die Schrebergartensiedlungen inklusive der zahllosen Lauben. Nicht nur in Fernost ein völlig unbekanntes Phänomen. In Leipzig hingegen kommen diese besonders zahlreich vor. Insgesamt 32.000 Kleingärten gibt es im Stadtgebiet. 32.000 grüne Inseln, autonome Gebiete, Heiligtümer mit ganz eigener Mentalität, in denen leidenschaftlich Rabatten gejätet, Rhabarber geerntet oder in der Hollywoodschaukel gedöst werden kann. Zugleich 32.000 Glücksorte, die das Deutsche Kleingärtnermuseum an der Aachener Straße stellvertretend repräsentiert. Eingeweiht wurde dieses im Jahr 1996, und zwar in einem Haus, das nicht besser zur Thematik passen könnte. Denn es handelt sich um das Vereinshaus des weltweit ersten Schrebergartenvereins, der 1864 gegründet wurde. Zwar waren die ersten Kleingärten in Deutschland bereits 50 Jahre früher angelegt worden, doch erst die Schrebergartenbewegung führte dazu, dass die autonomen grünen Inseln zum Massenphänomen in deutschen Städten wurden. Benannt sind diese nach dem Leipziger Pädagogen Doktor Moritz Schreber, der bereits einige Jahre zuvor verstorben, nicht als Begründer, sondern nur als Namensgeber der Gärten gilt. In der im Museum eingerichteten Ausstellung „Deutsche Kleingärtner vom 19. bis zum 21. Jahrhundert" kann man Genaueres zu Dr. Schreber erfahren, doch beinhaltet diese noch eine ganze Reihe weiterer interessanter Informationen querbeet zur Thematik Garten und Gärtnern.

Dass es auch einen Biergarten auf dem Areal gibt, versteht sich fast schon von selbst. So kann man unter alten Bäumen den Besuch mit Blick auf die Museumsgärten aus unterschiedlichen Jahrzehnten und diverse historische Gartenlauben wunderbar ausklingen lassen und sich gleich noch Inspirationen fürs eigene Laubenpiepertum holen.

● Deutsches Kleingärtnermuseum, Aachener Straße 7, 04109 Leipzig
Tel. (03 41) 21 11 1 94, www.kleingarten-museum.de
● ÖPNV: Tram 1, 2, 14, Haltestelle Marschnerstraße

Tierische Weltreise

55 Gondwanaland im Zoo Leipzig

Wenn sich der Winter wieder einmal in die Länge zieht und Körper und Seele nach Wärme dürsten, ist es höchste Zeit für einen Zoobesuch. Zugegeben, in den Außenanlagen lassen sich zu dieser Jahreszeit zumeist nur besonders schwer behaarte tierische Vertreter finden, doch glücklicherweise hält der Zoo auch eine Reihe wohltemperierter Attraktionen bereit. Das Aquarium beispielsweise und natürlich das Pongoland, die immerhin größte Menschenaffenanlage der Welt! Auch wenn bisweilen unklar ist, wer eigentlich wen beobachtet.
Das Highlight der winterlichen Zoooptionen ist aber zweifellos das Gondwanaland, auch wenn der Weg zum Urwald an der Pfaffendorfer Straße zunächst einmal durchs Halbdunkel führt. Ein Vulkanstollen, garniert mit Pfeilschwanzkrebsen, Lungenfischen und zahlreichen nachtaktiven Wuschelwesen, dient als Entree. Doch wenn es schließlich Licht am Ende des Tunnels wird, offenbart sich ein gigantisches grünes Paradies und statt Schneeregen und Temperaturen um den Gefrierpunkt herrschen hier 26 Grad. Einzig die Eiskristalle auf dem riesigen transparenten Kuppeldach verweisen darauf, das tatsächlich Winter ist. Den perfekten Kontrast zur kalten Jahreszeit liefert die üppige Flora des Urkontinents. 24.000 Pflanzen gedeihen auf der knapp drei Fußballfelder großen Fläche: Ananas, Pfeffer, Kakao, Bananen und 60 andere exotische Früchte und Gewürze werden in der 2011 eingeweihten Halle angebaut. Auf den ersten Blick scheint es sich um ein kolossales Gewächshaus zu handeln, allerdings eines mit ganz eigener Geräuschkulisse. Auf den zweiten Blick wird auch ersichtlich, wer diese verursacht. Fünfzig freilebende Vogelarten schwirren durch den 34 Meter hohen gondwanischen Luftraum oder schwimmen auf dem künstlichen Fluss Gamani, auf dem sich das Tropenparadies auch per Boot erkunden lässt. Mit ein wenig Glück stehen Tapir, Faultier oder Komodowaran gerade am Ufer, nur winken werden sie nicht. Für mehr Überblick sorgt ein an den Rundweg angeschlossener Baumwipfelpfad, der perfekte Aussicht auf diverse andere Attraktionen bietet.

● Gondwanaland im Zoo Leipzig, Pfaffendorfer Straße 29, 04105 Leipzig, Tel. (03 41) 5 93 35 00
www.zoo-leipzig.de/erlebniswelten/gondwanaland
● ÖPNV: Tram 12, Haltestelle Zoo

Ein Haus mit Knick

56

Das Alte Rathaus am Markt

Miniaturhäuser, Miniaturbäume, Miniaturidylle, ein wenig erinnert die im Alten Rathaus ausgestellte Stadtlandschaft an eine exorbitante Modelleisenbahnplatte, wenngleich dieser einige entscheidende Details fehlen, die Miniaturgleise beispielsweise. Verwunderlich ist dies jedoch nicht, schließlich handelt es sich um eine Darstellung der Stadt Leipzig aus dem Jahr 1823. Die erste Eisenbahnstrecke der Welt wurde just zwei Jahre später eingeweiht und ein reichliches Jahrzehnt danach endete auch in Leipzig die gleislose Zeit – für die Stadt eine Zäsur in jeglicher Hinsicht. Für Leipzig folgte ein Wachstumsschub, der nicht nur das Stadtmodell, sondern auch die realen Strukturen des alten Leipzigs winzig erscheinen lassen.

Zu sehen sind auch zahllose weitere Ausstellungsstücke im Stadtgeschichtlichen Museum im Alten Rathaus. Jeder stadtvernarrte Leipziger oder historisch interessierte Besucher der Stadt kann hier einen Blick in die Vergangenheit werfen. Und der Renaissancebau ist dabei selbst ein bedeutendes Stück Stadtgeschichte. Seit mehr als 450 Jahren dominiert er die Ostseite des Marktplatzes, wenngleich die Bauzeit nur sportliche neun Monate betragen haben soll. Möglich war dies jedoch nur, weil die Grundmauern der Vorgängerbauten für diesen weiterverwendet wurden. Da sich diese nicht gerade aneinanderreihten, besitzt auch die Rathausfront einen Knick auf der Südseite. Genau diese Stelle vereinnahmte einst der gotische Vorgänger, das alte Alte Rathaus, das sich unter der Renaissancefassade versteckt hält. Einige gestalterische Details wurden bei der Umgestaltung des Baus zum Museum im frühen 20. Jahrhundert freigelegt und kenntlich gemacht. Zugleich wurde die hölzerne Ladenzeile durch die noch heute existierenden steinernen Arkaden ersetzt. Wie vor 450 Jahren befinden sich hier eine Reihe von kleinen inhabergeführten Geschäften, die traditionelle Marken führen: vom Meißner Porzellan bis hin zu Blüthnerklavieren. Und wer einfach nur das Treiben auf dem Markt genießen möchte, setzt sich mit seiner Leipziglektüre und einem Stück Kuchen in das Café unter die Arkaden. Von hieraus hat man einen perfekten Blick!

TIPP

Es sind nur wenige Schritte bis zu Auerbachs Keller!

- Altes Rathaus, Markt 1, 04109 Leipzig
- ÖPNV: S-Bahn S1, S2, S3, S4, S5, S6, Haltestelle Markt

GOLDBEK

Höhenrausch

57 Aussichtsturm im Rosental

Das Leipziger Rosental ist nicht nur die älteste Leipziger Parkanlage, sondern auch eine überaus idyllische. Nur die Bezeichnung Rosental ist alles andere als treffend gewählt, da die Zahl der Rosen recht überschaubar bleibt. Mindestens genauso unsinnig erscheint der Begriff Tal, da in der gesamten Leipziger Tieflandsbucht ein massiver Mangel an Höhenzügen herrscht, die dem sogenannten Tal als Begrenzung dienen könnten. Die Bezeichnung „Bärlauchebene“ würde sehr viel besser passen. Einen Hügel immerhin gibt es, der sich jedoch inmitten des Tals befindet und echt ist dieser natürlich auch nicht. Vielmehr handelt es sich um einen Müllberg, von immerhin historischem Format. Zehn Jahre lang wurde der Leipziger Hausmüll hier gestapelt, sodass bis 1896 eine stattliche, 20 Meter hohe kaiserzeitliche Deponie entstand, die anschließend begrünt und mit einem hölzernen 15 Meter hohen Aussichtsturm versehen wurde. Hierdurch wurde der „Monte Scherbelino“ zu einer ganz eigenen Gattung von Attraktion und auch zum Motiv zahlreicher humoristischer Postkarten. Auf diesen wurden Schwebebahnen, verzweifelte Bergsteiger oder umfangreiche Untertunnelungen dem Bergmassiv zugefügt. Doch nach fast 50 Jahren unzähliger Besteigungen brannte der Turm während des Zweiten Weltkriegs vollständig ab. 30 Jahre später ersetzte ihn ein immerhin 5 Meter höherer stählerner Nachfolger, der via Hubschraubereinsatz auf dem Hügel platziert wurde. Auch der neue Turm mit seiner ungewöhnlichen Form genießt große Beliebtheit, obwohl er im inzwischen dicht bewachsenen Gelände gar nicht so leicht zu finden ist. Zudem besticht seine Konstruktion durch eine gewisse Flexibilität, sodass er während des Aufstiegs und bei windigen Wetterverhältnissen gewissen Schwankungen unterliegt. Hat man jedoch erst einmal die 104 Stufen bis zur Plattform erklommen, wird man mit einem wunderbaren Rundblick über die Elsterauen und die daran angrenzenden Leipziger Stadtviertel belohnt.

● Aussichtsturm im Rosental, Marienweg, 04105 Leipzig
● ÖPNV: Tram 4, Stallbaumstraße (von hier etwa 15 Minuten Fußweg)

Industrie-Hochburg

58 Maschinenbaufabrik Swiderski

Ein wenig einsam sieht er aus, der alte Klinkerbau an der Zschocherschen Straße. Dass er bereits einige Jahrzehnte leer steht, macht schon der dichte Bewuchs deutlich, der sich um und auf ihm mittlerweile breitgemacht hat. Doch trotz aller baulichen Mängel ist die alte Eleganz, noch immer nicht gänzlich verblichen. Nur ein wenig aus der Zeit gefallen scheint das ungewöhnliche Bauwerk. 1888 wurde die Maschinenbaufabrik Swiderski an der Zschocherschen Straße errichtet. Natürlich wurde sie, mit einer Fassade aus roten Klinkern versehen, im sogenannten englischen Stil erbaut – schließlich besitzt die Industrialisierung englische Wurzeln. Die Errichtung eines 20 Meter hohen Turms mit Tudoranleihen war aber auch für die damalige Gewerbegebietsarchitektur ungewöhnlich. So erinnert die Fabrik mehr an eine mittelalterliche Burganlage, in der mehr als ein Jahrhundert lang bis zu 700 Arbeiter verschiedene Maschinen produziert haben: Lokomobile beispielsweise, vor allem aber Druckmaschinen. Auf Letztere hat sich die Firma 1921 schließlich komplett verlegt und dies blieb auch in der Zeit der DDR so, wenngleich die Produktion nun volkseigen war. 1990 gingen dann die Lichter aus und bis heute nicht wieder an. Zu holen gibt es hier längst nichts mehr, außer unverfälschte Eindrücke von der Vergangenheit.

Ein Schicksal, das Mitte der 1990er-Jahre fast alle Leipziger Industriebauten teilten. Besitzer schienen diese nicht zu besitzen und so standen sie nicht nur leer, sondern auch jedermann offen, wurden zum Abenteuerspielplatz, zu einem Glücksumstand für Entdecker. Der ungewöhnlich hohe Leerstand eröffnete zugleich auch preiswerte Räume – für Kreative und Künstler beispielsweise. Denn lange schien es aussichtslos, all die alten Industriebauten in Loftanlagen oder Bürostandorte zu verwandeln. Dass die meisten davon inzwischen wieder wachgeküsst worden sind, kann als überaus überraschender Glücksumstand gewertet werden. Und doch schwingt ein wenig Wehmut mit beim gleichzeitigen Untergang der grauen alten Stadt mit dem morbiden Charme, denn die Räume werden enger und zugleich exklusiver.

- Maschinenbaufabrik Swiderski, Zschochersche Straße 78, 04229 Leipzig
- ÖPNV: Tram 3, Haltestelle Markranstädter Straße

Mutter aller Messen

59

Das Doppel-M

Menschen, die mit der Leipziger Stadtgeschichte nicht besonders gut vertraut sind, könnten angesichts der vielen Doppel-Ms, die das Stadtgebiet zieren, der Annahme verfallen, dass der Stammsitz der Mannesmann AG an der Pleiße liegt oder aber dass an den Ufern des Flusses eine ungewöhnlich große Vorliebe für bunte Schokolinsen vorherrscht. Die Leipziger wissen freilich, dass das „MM“ als Logo der Leipziger Messe fungiert und da dieses einst auch in der halben Welt bekannt war, gilt es vielen Leipzigern als Symbol umfänglicher Internationalität. An der Prager Straße, am Eingang zur Alten Messe, findet sich die größte Doppel-M-Konstruktion. 27 Meter ragt der weiche Doppelkonsonant hier in die Höhe. Einst begrüßte er gemeinsam mit zwei baugleichen Brüdern die Besucher der Technischen Messe.

Das eigentliche Messezentrum aber blieb die Innenstadt mit ihren zahlreichen Messpalästen. Dies allein war schon ungewöhnlich, jedoch gilt Leipzig auch als Begründer der Mustermesse, für die das MM auch steht, wodurch die hiesige Messe im frühen 20. Jahrhundert zur wichtigsten Messe Europas wurde. So verglichen die Leipziger die Messzeit damals auch gern mit den Überschwemmungen des Nils, denn im Frühjahr und im Herbst wurde das Herz der Stadt mit Menschenmassen geflutet, was zudem für viel fruchtbaren Boden sorgte. In der Zeit der deutschen Teilung verlor die Leipziger Messe zwar an Bedeutung, doch als Tor zum Osten ergaben sich zahlreiche andere Vorteile, nicht zuletzt für die Einwohnerschaft.

Heute ist die Messe zwar eine von vielen in Deutschland, doch besitzt diese mit dem 1996 eingeweihten neuen Messegelände eine moderne Heimat und ein neues Doppel-M. Die aus den unterschiedlichsten Jahrzehnten stammenden Hallen hinter dem alten MM an der Pragerstraße werden heute als Einkaufsmöglichkeiten, Fußballfelder, als Bundesbankfiliale und Großraumdiskothek genutzt. Und im noch immer mit einem roten Stern bekrönten Sowjetischen Pavillon zieht demnächst das Stadtarchiv ein. So steht hinter dem MM nicht nur der Begriff Mustermesse, sondern auch ein unglaublicher Wandel der Stadt.

- MM, Prager Straße, Leipzig
- ÖPNV: Tram 2, 15, Haltestelle Altes Messegelände

Die Wissensmühle

60 Dölitzer Wassermühle

Der im Süden Leipzigs liegende Stadtteil Dölitz verströmt ein ganz besonders gemütliches Flair, ist doch der alte Dorfkern ausgesprochen gut erhalten geblieben. Allerdings ist vom Dölitzer Schloss leider nur das im späten 17. Jahrhundert errichtete Torhaus verblieben, das heute als bekanntestes Bauwerk des Stadtteils gilt. Nur einen Steinwurf entfernt steht aber auch eine Wassermühle, die einzige der Stadt, die die Zeiten überdauert hat und von der idyllisch vorbeiplätschernden Mühlpleiße angetrieben wird. Errichtet wurde der große Fachwerkbau im Jahr 1814, als der Vorgänger während der Völkerschlacht zerstört worden war. Nachdem der Betrieb 1974 zunächst eingestellt wurde, dient sie nach einer umfangreichen Instandsetzung und der Rekonstruktion des Wasserrades auch heute wieder der Energieerzeugung. Das Thema regenerative Energien spielt aber auch nicht nur in Bezug auf die Wasserkraft eine zentrale Rolle, denn Anlagen für Fotovoltaik, Solarthermie und Erdwärme sind auf dem Mühlenareal ebenfalls entstanden. Initiator hierfür ist der Verein Grün-Alternatives Zentrum Leipzig, der sich die Umweltbildung für Kinder auf die Fahnen geschrieben hat. Neben naturpädagogischen Seminaren wie „Gestalten in der Natur mit Naturmaterialien“ oder „Fantasiereise zum Träumen und Loslassen“, gibt es reichlich Angebote für Schulen und Kindergärten rund um Wasser und Energie oder zum fairen Handel. Auch in die Welt der Insekten oder Fledermäuse kann man sich hier entführen lassen. Ein besonders uriges Erlebnis ist das Backfest, bei dem ein Lehmbackofen im Mittelpunkt des Geschehens steht. Dies alles geschieht auf dem etwa 400 Jahre alten Mühlenhof, auf dem sich im Übrigen auch eine Scheune aus dem einst 10 Kilometer südlich von Leipzig gelegenen Breunsdorf befindet. Als der kleine Ort im Jahr 1999 dem Tagebau Vereinigtes Schleenhain nämlich weichen musste, wurde die Scheune demontiert, hierher transportiert und schließlich denkmalgerecht wieder zusammengesetzt.

- Dölitzer Wassermühle, Vollhardtstraße 16, 04279 Leipzig, Tel. (03 41) 3 38 93 53 www.doelitzer-wassermuehle.de
- ÖPNV: Tram 11, Haltestelle Friederikenstraße

Russische Impressionen

61

Vodkaria, Bar & Restaurant

Das Wohnhaus in der Gottschedstraße 25 ist überaus bemerkenswert. Nicht im baulichen Sinne, denn aus dem Meer aus Gründerzeitlern sticht dieser Gründerzeitler nicht hervor. Doch lebte hier im Jahr 1886 der damals noch unbekannte Gustav Mahler, 1899 zog der ebenso unbekannte Gustav Stresemann ein, der vermutlich dem noch weit unbekannteren Walter Ulbricht, der sechs Jahre zuvor im Haus geboren worden war, hin und wieder im Treppenhaus begegnete.
Mit der nur knapp hundert Meter entfernten Vodkaria steht diese kuriose Episode zwar nicht im Zusammenhang, aber immerhin kann man sich bei deren Besuch gut vorstellen, wie die drei am damals noch ganz neuen Altbau regelmäßig vorbeischlenderten. Wodka wurde zu jener Zeit noch nicht ausgeschenkt, dies geschieht erst seit dem Jahr 2000, und zwar so konsequent, dass mittlerweile mehr als 700 verschiedene Sorten im Angebot sind. Diese stammen nicht nur aus aller Herren Länder, sondern wurden auch mit allen erdenklichen und nicht erdenklichen Zusatzstoffen veredelt: mit Absinth, Gold, Würmern, Hanf, Skorpionen und vielem mehr. Der Alkoholgehalt pendelt zwischen 37,5 und 80 Prozent. Ebenso erwähnenswert ist das dreistellige Sortiment an Cocktails, wenngleich in der Vodkaria nicht nur viel getrunken, sondern auch gut gegessen werden kann. Dies ist ohnehin unerlässlich, um dem Alkohol ein solides Fundament zu verschaffen. Allerdings werden nicht nur russische Gerichte, wie Soljanka, russische Wurst oder Pelmeni, aufgetafelt, sondern auch Schmankerl aus der skandinavischen Küche. So kommt die Karte des Hauses auch umfangreicher daher als so manch historischer Roman, lässt sich aber gut im gemütlichen Ambiente des Hauses studieren. Darüber hinaus gibt es einen großen Freisitz mit direktem Blick auf den an der Hausfassade rankenden Wein. Und falls dort nichts mehr frei ist, bieten sich mit Skala, Pilot, Café Luise, Sol y Mar oder Barcelona in direkter Nachbarschaft zahlreiche weitere kulinarische Optionen an.

● Vodkaria, Gottschedstraße 15, 04109 Leipzig, Tel. (03 41) 4 42 88 68
www.vodkaria.de
● ÖPNV: Tram 1, 14, Haltestelle Gottschedstraße

Genuss für die meisten Sinne

62 Klassik airleben im Rosental

Inzwischen ist es zu einer wunderbaren Tradition geworden, dass das Gewandhausorchester an zwei aufeinanderfolgenden Sommerabenden auf den Wiesen des Rosentals gastiert. Die Bühne befindet sich unweit des Zooschaufensters, sodass sich bei rechtzeitiger Anreise zunächst Zebras und Giraffen und im Anschluss Bläser und Violinisten im natürlichen Habitat beobachten lassen. „Klassik airleben" lautet der Name der Veranstaltung, die in jedem Jahr bis zu 50.000 Zuhörer auf die Wiese lockt. Am Samstagnachmittag besteht darüber hinaus die Möglichkeit, die Musiker persönlich kennenzulernen, und Kinder können sich überdies an verschiedenen Musikinstrumenten ausprobieren. Um 20.00 Uhr – mit der langsam einsetzenden Dämmerung – beginnt schließlich das Konzert. Zwar zwitschert hin und wieder mal eine Amsel in die Ouvertüre und die akustische Qualität des Klangkörpers Rosental ist trotz relativ viel verbautem Holz nicht ganz so gut wie die im Saal des Gewandhauses, dafür aber besticht das idyllische Grün mit einem wunderbaren Ambiente, das mit dem Sanftmut der zu Ohr gebrachten Klänge hervorragend harmoniert. Ebenso ist die Körperhaltung der meisten Zuhörer um einiges entspannter. Von mitgebrachten Decken und Campingstühlen aus können die Geschehnisse auf der Bühne im sitzenden oder auch liegenden Zustand verfolgt werden, wobei Lautsprecher und zwei Großleinwände die Aufnahme erleichtern. Picknickkörbe sorgen zugleich dafür, dass niemand in der Wildnis verhungern muss. So kann einzig ein plötzlich auftretender Starkregen oder ein Überfall der Klingonen eine Minderung des Klangerlebnisses herbeiführen. Aufgeführt werden die Konzerte in dieser Form seit inzwischen mehr als zehn Jahren. Sie stellen den Abschluss und den Höhepunkt der Konzertsaison des aus 185 Berufsmusikern bestehenden Sinfonieorchesters dar. Dieses existiert bereits seit 1743 und gilt als ältestes bürgerliches Orchester im deutschsprachigen Raum – und zugleich noch heute als eines der besten!

● Klassik airleben im Rosental, Kuhturmallee, 04105 Leipzig, Tel. (03 41) 1 27 02 80
www.gewandhausorchester.de/orchester/klassikairleben
● Am besten zu Fuß oder mit dem Fahrrad ins Rosental!

Minze aus Nazareth

63

Das Shady in der Südvorstadt

Die Leipziger Südvorstadt ist für ihr reges Kneipenleben bekannt, wobei sich die allermeisten Pubs, Cafés und Restaurants an und um die Karli angesiedelt haben. An der davon abzweigenden Körnerstraße geht es indes um einiges ruhiger zu, insbesondere im unteren Bereich – und unten meint hier tatsächlich bergab. Nur wenn gerade ein Fahrrad mit lockerem Schutzblech übers 150 Jahre alte Kopfsteinpflaster navigiert wird, kann es ein wenig lauter werden.

So ist es auf dem Freisitz des Shady auch überaus gemütlich, und lecker ist es dort obendrein. Benannt ist das Restaurant nach seinem Betreiber, dessen Name zugleich auch Nachtigall bedeutet. Mittlerweile verzaubert er seit 14 Jahren seine vielen Stammgäste mit arabischen Gerichten, genauer gesagt mit arabischer Küche der Stadt Nazareth. Ein Bezug, der auch immer wieder im Inneren des Restaurants zu finden ist, nicht nur anhand zahlreicher Fotografien, sondern auch bei der musikalischen Untermalung. Selbst ein Teil der Gewürze wird bei Shadys Reisen in die alte Heimat regelmäßig aus der kleinen Stadt im Nahen Osten mitgebracht. Inzwischen lebt er allerdings schon seit vielen Jahren in Leipzig und kann sogar wunderbar sächseln – wenn er will. Noch besser aber kann er kochen, wobei alles, was auf den Tisch kommt, vom Hummus bis zur Falafel, stets frisch im Haus zubereitet wird. Die Karte wird dabei saisonal angepasst. So gibt es neben verschiedenen arabischen Fleisch- und Fischgerichten auch wunderbar frische Salate mit Granatapfel und Minze, wobei Minze nicht gleich Minze ist und die richtige Sorte sorgfältig ausgewählt werden will. Auch das Getränkeangebot ist ein Besonderes, neben original arabischem Kaffee mit Kardamom und anderen Koffein- und Teespezialitäten aus dem Mittelmeerraum gibt es auch Bier und Wein, allerdings in alkoholfreien Varianten, und verschiedene selbstgemachte Limonaden. Insgesamt ein vollumfänglicher arabischer Genuss und zugleich die naheliegendste Option, um Nazareth zu entdecken!

● Shady – Café Restaurant, Körnerstraße 2, 04107 Leipzig, Tel. (03 41) 4 62 69 95
www.shady-leipzig.de
● ÖPNV: Tram 10, 11, Haltestelle Südplatz

Bitburger
shady

Wellenmacher

64 Leipziger Stadtbad

Architektonische Führungen durch Hallenbäder gehören in der heutigen Zeit nicht gerade zum Standardprogramm. Allerdings ist der gestalterische Wert eines ebensolchen sowohl ober- als auch unterhalb der Wasseroberfläche häufig nur schwer auszumachen. Anders sieht es im Leipziger Stadtbad aus, das mit einer vor Details übersprudelnden Formsprache besticht. Badehose oder Bikini muss man aber leider zu Hause lassen, denn ein entscheidendes Element fehlt diesem Hallenbad: das Wasser.

Dabei wirkt der an der Eutritzscher Straße liegende Bau von außen überhaupt nicht baufällig. Das Dach inklusive der Kuppel wurden aber auch bereits denkmalgerecht saniert. Leider trifft dies auf die meisten Bereiche im Inneren nicht zu. Hier waren im Jahr 2004 Teile der Hallendecke ins Schwimmbecken gefallen. Ein Ereignis, das den baulichen Zustand des 1916 eingeweihten Hauses recht aussagekräftig umschreibt und so wurde es, nachdem hier 88 Jahre lang geplanscht, geschwommen und die neueste Badekappenmode präsentiert wurde, für den Badebetrieb geschlossen. Die Architektur erscheint jedoch noch immer beeindruckend und auch zeitlos, wobei insbesondere die verspielten Formen des Jugendstils vorherrschen. Nahezu märchenhaft kommt der Saunabereich daher, wo auch maurische Einflüsse zum Tragen kamen. Zu den historischen Bezügen gesellt sich ein erstaunliches technischen Know-how. So wurde das Herrenschwimmbad mit einer Wellenanlage ausgestattet, der ersten Europas! Die künstlich erzeugten Wogen erreichten eine Höhe von bis zu einem Meter. Momentan aber wird das Stadtbad vor allem als Kulisse für private und öffentliche Veranstaltungen genutzt – es wird getanzt, gewitzelt, gelacht, geschlemmt, getrunken. Zwar soll es irgendwann auch wieder zum Schwimmen einladen, doch scheitert die Sanierung momentan an der Flüssigkeit der Stadtkasse.

- Leipziger Stadtbad, Eutritzscher Straße 21, 04105 Leipzig Tel. (03 41) 9 69 29 19 www.herz-leipzig.de
- ÖPNV: Tram 9, 10, 11, 16, Haltestelle Wilhelm-Liebknecht-Platz

Im Land der Riesenameisen

65

Panometer mit Rundbildern von Yadegar Asisi

Sie sehen schon ein wenig eigenartig aus, diese großen runden Bauten, die auch noch die merkwürdige Bezeichnung Gasometer tragen. Zwar sind sie inzwischen nur noch relativ selten in deutschen Städten zu finden, als unerlässlicher Bestandteil der Gasversorgung prägten die uneckigen Erscheinungen einst jedoch jede deutsche Großstadt. In der Zeit, in der die ersten Gasometer entstanden, gab es aber auch auf anderen Gebieten Innovationen. So wurden in der Mitte des 19. Jahrhunderts auch erstmals seit der Antike wieder große Panoramabilder geschaffen, die sich großer Beliebtheit erfreuten, bevor die bewegten Bilder des Kinos die Welt eroberten. Miteinander verknüpft waren beide Entwicklungen damals jedoch nicht.

Dies geschah erst 150 Jahre später durch Yadegar Asisi, der im Jahr 2003 einen der verbliebenen Leipziger Gasometer nutzte, um hier seine erste Panoramalandschaft zu präsentieren. Vermarktet wurde diese unter dem Kunstwort „Panometer". Dem Mount Everest als erstem Motiv folgten weitere so unterschiedliche Szenarien wie das alte Rom, der Regenwald des Amazonas, das von der Völkerschlacht heimgesuchte Leipzig oder die Unterwasserwelt des Great Barrier Reefs – jeweils umrahmt von einer informativen Ausstellung, mit deren Hilfe das Thema vertieft wurde. Bis Anfang Januar 2019 ist noch die Titanic am Meeresgrund zu sehen, die im Anschluss von einem Paradies auf Erden abgelöst werden wird – einem Garten, der in hundertfacher Vergrößerung, Schrebergartenflair und Blütenpracht aus der Insektenperspektive wiedergibt. Wie auch bei den anderen Motiven werden die Ausmaße des neuen Bildes mit 32 Metern Höhe und einem Umfang von 110 Metern gewaltig sein. Mehr als genug Platz für unzählige interessante Details, die dazu einladen in eine fremde Welt einzutauchen, deren Konturen auch überaus plastisch erscheinen. Mithilfe von Sound- und Lichteffekten wird deren Lebendigkeit noch zusätzlich verstärkt und zugleich ein Tag- Nachtrhythmus simuliert.

- Panometer Leipzig, Richard-Lehmann-Straße 114, 04275 Leipzig
Tel. (03 41) 3 55 53 40, www.panometer.de/leipzig
- ÖPNV: Bus 70, Haltestelle Altenburger Straße, S-Bahn S1, S2, S3, S4, S5, Haltestelle MDR, Tram 9, Haltestelle Arthur-Hoffmann-/Richard-Lehmann-Straße, Tram 16, Haltestelle Richard-Lehmann-/Zwickauer Straße (je nach Haltestelle zwischen 5 bis 15 Min. Fußweg einplanen)

Jugendstil und Aspirin

66

Die Adlerapotheke im Stadtzentrum

Seit ihrer Gründung vor mehr als 300 Jahren befindet sich die Adlerapotheke in der Hainstraße Nr. 9 und vermittelt damit ein beruhigendes Maß an Kontinuität, insbesondere für die Stammkundschaft. In der Form existierte diese heutige Adresse 1709 jedoch noch nicht, da die Vergabe von Hausnummern noch nicht praktiziert worden war. Stattdessen erleichterten lange Zeit Hauszeichen die Orientierung und ein ebensolches ist auch noch immer über dem Eingang der Apotheke zu finden. Um dieses zu entdecken, muss man allerdings nicht allzu genau hinschauen. Der grüne Greifvogel, der den Erker des Gebäudes zu stützen scheint, ist nahezu lebensgroß dargestellt. Darüber hinaus schmücken verschiedene der Apothekerzunft zugehörige Symbole die Fassade des Hauses. Dessen Gestaltung stammt aus dem Jahr 1909, wobei nicht nur das Äußere, sondern auch die komplette Inneneinrichtung bis heute erhalten geblieben ist. Eine genauso seltene wie glückliche Fügung für kranke und gesunde Besucher des Hauses, die beim Eintritt ins Staunen geraten. Der Verkaufsraum wird durch eine zum Großteil aus Holz bestehende Ladentheke dominiert, die im Jugendstil gestaltet wurde. Gleiches gilt für die dahinter platzierten Regale. Den Blick darauf gerichtet, fragt man sich gleich, wie wohl die Verpackungen der Medikamente aus jener Zeit ausgesehen haben. Über den Regalen fallen zwei Inschriften auf, auf der einen Seite „Contor" – als Verweis auf den Geschäftsraum – und auf der anderen Seite „Raum für kleinere Untersuchungen". Ein Hinweis darauf, dass sich der Service im frühen 20. Jahrhundert noch ein wenig umfänglicher gestaltete. Zwischen beiden Inschriften ist eine Wanduhr platziert, die noch aus dem Vorgängerbau stammt. Angefertigt wurde diese vermutlich im Jahr 1850, also fast genau in der Zeit, in der Theodor Fontane als Apothekergeselle im Haus gearbeitet hat. 1841/42 hatte er hier den Beruf des Apothekers erlernt, zugleich aber auch literarisch für Aufsehen gesorgt – mit nicht unwesentlichen Auswirkungen auf seine Zukunft.

- Adlerapotheke, Hainstraße 9, 04109 Leipzig, Tel. (03 41) 710 79 66
www.adler-leipzig.de
- ÖPNV: 1, 3, 4, 7, 9, 10, 12, 14, 15, Haltestelle Goerdelerring

Contor

Glasklare Angelegenheit

67 Am Kulkwitzer See südwestlich von Leipzig

Mit rund 150 Hektar Wasserfläche gehört der Kulkwitzer See zwar zu den kleineren Seen im Leipziger Umland, doch besticht er mit einem überaus großen Attraktionspotenzial. Ein großer Campingplatz, Ferienhäuser und Badestrände gehören genauso zum Inventar wie eine Wasserskianlage, ein Hochseilgarten, ein Bootsverleih, Surfgelegenheiten und nicht zu vergessen: große Bäume. Letztere finden sich an den Seen des Südens, die allesamt Geschenke des 21. Jahrhunderts sind, noch überaus selten. Jedoch besitzt der „Kulki" einige Jahrzehnte Entwicklungsvorsprung, denn der letzte Kohlezug hat hier bereits 1964 den Tagebau verlassen und nach zehn Jahren Rekultivierung und Flutung wurde er eingeweiht und die Natur nahm sich der Sache an. Heute gilt der Kulkwitzer See als eines der besten deutschen Tauchgewässer, der die Froschmänner aus ganz Europa in den Leipziger Westen lockt. Zum einen besticht sein Wasser durch ungewöhnliche Klarheit, die Sichtweiten von bis zu 15 Metern ermöglicht. Aber auch Flora und Fauna sind bemerkenswert facettenreich, insbesondere die Vielfalt der schuppigen Zeitgenossen, zu denen unter anderem Aale, Barsche, Hechte, Silberkarpfen und Welse gehören. Schon beim Schnorcheln durchs Schilf lassen sich größere Fische hin und wieder entdecken. Wer tiefer eintaucht, stößt eventuell auch auf Spuren aus Zeiten, in denen es hier noch trockener zuging: auf alte Tagebauhinterlassenschaften beispielsweise. Aber auch geflutete Sträucher und Bäume sorgen als Geisterwälder auf dem bis zu 32 Meter tiefen Seegrund für ein ungewöhnliches Ambiente. Ergänzt wurde dieses durch ein versenktes Schiff und eine Cessna, deren Wracks zu besonders ungewöhnlichen Tauchgängen einladen. Diese unternimmt auch der Tauchclub Leipziger Delphine, nicht zu verwechseln mit den Leipziger Pinguinen, die sich aufs Eisbaden spezialisiert haben. Direkt vor Ort sorgen zwei Tauchschulen für die nötige Ausbildung und im Tauchsportfachgeschäft lässt sich die erforderliche Ausrüstung finden.

- Kulkwitzer See, zwischen Leipzig und Markranstädt
- ÖPNV: S-Bahn S1, S4, Haltestelle S-Bahnhof Miltizer Allee, Tram 1 Haltestelle Lausen

Ostoase

68 Substanz – Biergarten und Bar

Der Täubchenweg ist eine der ältesten Straßen im Leipziger Osten, auch wenn Altbauten hier mittlerweile recht selten zu finden sind. Benannt wurde der Weg nach dem längst abgerissenen Gasthaus Zum Täubchen, dessen Bezeichnung wiederum auf eine besonders hübsche dort arbeitende Kellnerin zurückgehen soll.

Die ebenfalls am Täubchenweg liegende Substanz ist nicht nach einer Kellnerin benannt worden, was aber nicht heißen soll, dass es keine hübschen Bedienungen gäbe. Inzwischen ist das Lokal das älteste der gesamten Straße und das, obwohl das Grundstück lange Zeit von einem Fuhrunternehmen genutzt wurde, bis im Jahr 1993 erstmals Bier ausgeschenkt wurde. Besonders bekannt ist die Substanz für ihren schönen Biergarten, der vor 25 Jahren jedoch nicht nur um einiges kleiner, sondern auch noch recht spärlich bewachsen war. Mittlerweile aber hat sich der Hof zur Oase gemausert, und betritt man diese durch die schmale Hofzufahrt, befindet man sich plötzlich maximal weit entfernt vom Straßenlärm. Hohe Bäume gehören inzwischen genauso zum Inventar wie eine große Bar, eine Bühne, auf der auch regelmäßig internationale Künstler gastieren, eine Pianobar, die ebenfalls in Nutzung ist, rustikale Holzbänke und diverse schräge Accessoires. Würde das Wort urig noch nicht existieren, für das Ambiente in Pub und Biergarten müsste es erfunden werden. So ist es auch nicht verwunderlich, dass die Substanz gut besucht wird, wobei das Publikum gut durchmischt und die Atmosphäre insbesondere in lauen Sommernächten beschwingt und ausgelassen ist. Falls dem mal nicht so ist, kann das große Getränkeangebot Abhilfe schaffen, das auch Cocktails, eine große Spirituosenauswahl und diverse Fassbiere umfasst. Das Hungergefühl lässt sich indes am besten durch den Verzehr eines leckeren Burgers austreiben, aber auch andere Leckerbissen werden angeboten. So gilt die Substanz denn auch als Garant für einen schönen Abend und ist zugleich Instanz im Leipziger Osten.

● Substanz, Täubchenweg 67, 04317 Leipzig, www.substanz-leipzig.de
● ÖPNV: Tram 4, Haltestelle Breite Straße

Ur-Krostitz
PREMIUM
FEINHERBES PILSNER

Radeln am Seegrund

69 Am Elsterstausee

Allein 15 Seen sind innerhalb der letzten beiden Jahrzehnte südlich von Leipzig entstanden, an dieser Stelle soll es jedoch um einen See gehen, der verschwunden ist: den Elsterstausee. Genauer gesagt ist dessen Wasser verschwunden und ein See ohne Wasser ähnelt bereits nach überraschend kurzer Zeit einer großen ungemähten Wiese. Wiesenuntypisch indes kommen die knapp 3 Meter hohen Dämme daher, die die Wiese umgeben und die genauso wenig in die vor sich hin sprießende Landschaft passen wie die maroden Bootstege. Die Gastronomie indes hat sich den neuen Verhältnissen angepasst, so firmiert die gemütliche Gaststube „Zum Wilden Hecht" nun unter dem Namen „Zum Flotten Radler" und letztere nehmen sowohl den Ex-Uferweg als auch das kulinarische Angebot rege in Anspruch. Eventuell erinnert sich der ein oder andere Gast sogar, wie er früher durch den See gestrampelt ist – per Tretboot! Oder an die MS Weltfrieden, die über das einst 1700 Meter lange und 700 Meter breite Gewässer geschippert ist, das mit der Stauseelesung 1968 überdies zum Schauplatz einer lyrischen Revolte wurde. Gut möglich, dass einst am Stausee ähnlich viel Trubel herrschte, wie heute am benachbarten Cossi. Ohne Wasser aber kommt die Szenerie ein wenig verwunschen daher und verbreitet in etwa die Form von Nostalgie, die am Ende der Sommerferien aufkommt. Im Hintergrund thront zudem das Braunkohlekraftwerk Lippendorf, dass die ohnehin schon unwirkliche Szenerie noch ein wenig unwirklicher erscheinen lässt. Dessen Vorgänger wiederum ist nicht nur der Geburtshelfer der heutigen Seen, sondern trug zugleich zum Untergang des Mitte der 1930er-Jahre entstandenen Elsterstausees bei. Denn dieser stand dem Kohleabbau des Tagebaus Zwenkau im Weg und so wurde er in den 1970er-Jahren halbiert. Dies hatte zur Folge, dass das Wasser der Elster nun in den See gepumpt werden musste. Ein Aufwand, der überschaubar blieb, bis die Gewässersohle undicht wurde. So trocknete der einst einzige See des Leipziger Südens im Jahr 2009 aus, doch hat dieser längst flüssige Nachfolger erhalten.

- Elsterstausee, 04249 Leipzig
- Anfahrt am besten mit dem Fahrrad durch den Auwald und am Westufer des Cospudener Sees entlang.

From Cotton to Culture

70 Leipziger Baumwollspinnerei

Als 1894 mit der Errichtung der Baumwollspinnerei begonnen wurde, erschien die Vorstellung, dass diese einmal zur Heimat von Expressionisten und Neorealisten werden würde, überaus surrealistisch. Allerdings verging erst einmal ein ganzes Jahrhundert, bis in den Gemäuern der riesigen Textilfabrik die ersten Ateliers einzogen. Inzwischen befinden sich aber nicht nur die Arbeitsstätten von etwa 150 Künstlern auf dem 6 Hektar großen Areal, sondern auch 15 Galerien, Büros, Werkstätten, Druckereien, ein Kino, Gastronomie und ein Computerfachhandel. Selbst ein Call-center ist hier zu finden. Platz ist immer noch vorhanden, schließlich gilt es eine ganze Fabrikstadt wachzuküssen – mit 100.000 Quadratmetern nutzbarer Fläche. Fertiggestellt wurde die Fabrik 1907. Von nachhaltigem Bauen wurde zwar damals noch nicht gesprochen, dafür aber vom weit nachhaltigeren Bauen für die Ewigkeit. Bis zu einem Meter dick sind die Mauern der einstmals größten Spinnerei Europas, in der bis zu 4000 Menschen im Schichtbetrieb arbeiteten.

Nachdem die Garnproduktion 1993 eingestellt wurde, stand das riesige Areal zunächst weitestgehend leer, wurde aber schon bald von Künstlern entdeckt und sachte beseelt. Die für die Ewigkeit angedachte Substanz ermöglicht dabei eine Nutzung zu günstigen Konditionen, da Sanierungs- und Nebenkosten relativ gering ausfallen. Immer mehr Kunstschaffende bezogen das alte Fabrikgelände, dem der Erfolg der Neuen Leipziger Schule auch zu internationaler Bekanntheit verhalf. So erklärte der Guardian die Spinnerei im Jahr 2007 zum „hottest place on earth“ und auch heute noch pilgern Zehntausende Besucher zu den Spinnereirundgängen. Ein Besuch ist das eigenwillige Gelände schon aufgrund der einnehmenden Stimmung aber immer wert. Dabei kann man entspannt das große Areal erkunden, durch die verschiedenen Galerien schlendern und den Ausflug mit einem Besuch im Café „Die Versorger“ ausklingen lassen.

- Leipziger Baumwollspinnerei, Spinnereistraße 7, 04179 Leipzig
Tel. (03 41) 4 98 02 22, www.spinnerei.de
- ÖPNV: Bus 60, Tram 14, S-Bahn, S1, S4, Haltestelle S-Bahnhof Plagwitz

B
Halle 14
seecon

Mahlzeit

71 Die Feinkost auf der Karli

Nachts sind bekanntlich alle Katzen grau – im Leipziger Fall war es lange Zeit eher umgekehrt. Denn die bei Tageslicht einst so graue Stadt verwandelte sich nach Sonnenuntergang in ein Lichtermeer. Zu verdanken war dies einer Initiative der SED, die in den 1970er-Jahren unter dem Slogan „Stadt des Wassers, Stadt des Lichts" aus Leipzig ein Las Vegas des Ostblocks zaubern wollte. Schließlich konnte man in der Messestadt auch dem Klassenfeind demonstrieren, dass selbst der Sozialismus funkeln kann. Inzwischen sind die meisten Installationen aus dem Stadtbild leider wieder entschwunden, einige aber gibt es noch immer und die berühmteste ist wohl die des ehemaligen VEB Feinkost an der Karl-Liebknecht-Straße. Die Löffelfamilie. Bereits seit 45 Jahren löffelt die vierköpfige Familie hier Abend für Abend ihre Suppe aus, wenngleich es um Suppe bei der Errichtung der Produktionsgebäude ursprünglich nur im weiteren Sinne ging. Denn diese wurden ab 1853 für eine Brauerei errichtet und mit riesigen, noch immer existierenden Tiefenkellern versehen. 1920 aber wurde der Brauereibetrieb eingestellt, worauf das Areal von der Nahrungsmittelindustrie genutzt wurde, die in der DDR-Zeit zum Volkseigentum wurde. Nach der Wiedervereinigung wurde der VEB Feinkost abgewickelt und nun zogen verschiedene kleine Läden in die sanierungsbedürftigen Gebäude – verwaltet von der TLG, der Treuhandnachfolgeanstalt, die an selber Stelle einen Supermarkt errichten wollte. Nachdem das Vorhaben am massiven Protest scheiterte, ging das Areal im Jahr 2007 an eine Genossenschaft über, und so blieb nicht nur die bunte Reklame, sondern auch der bunte Charakter der Höfe erhalten. Läden für Bücher, Kunsthandwerk oder alternative Klamotten, ein Schuster oder die Werkstatt von Goldstein & Co finden sich hier ebenso wie der Club Absturz. Und ein kleiner Biergarten direkt unter der Löffelfamilie lädt auf ein Kaltgetränk ein. In den sonnigen Monaten gibt's zudem Sommertheater, Sommerkino und Flohmärkte!

- Kunst- und Gewerbegenossenschaft Feinkost eG
Karl-Liebknecht-Straße 36, 04107 Leipzig
www.feinkostgenossenschaft.de
- ÖPNV: Tram 10, 11, Haltestelle Südplatz

VEB
FEINKOST
LEIPZIG
Obst- und Gemüsekonserven,
tischfertige Gerichte,
doppelt konzentrierte Suppen.

Klangvolles in Grün-Dur

72

Im Arthur-Brettschneider-Park

Im Vergleich zu den großen Parkanlagen des Leipziger Westens erscheint der im Norden der Stadt liegende Arthur-Brettschneider-Park fast schon winzig. Gerade einmal 150 Meter breit ist er, aber immerhin fast fünfmal so lang. Umso erstaunlicher ist, wie viel Idylle von diesem kleinen, grünen Schlauch ausgeht. Zu dieser tragen jedoch auch eine Reihe verschiedener Zutaten bei. So säumen dessen Rand einige schöne Altbauten, meist Villen aus der Gründerzeit, aber auch altes Fachwerk, denn an die Ostseite grenzt der ehemalige Dorfkern vom heutigen Leipziger Ortsteil Eutritzsch an. Unweit von diesem schlängelt sich ein kleiner Bach, die Nördliche Rietzschke, durchs 1898 angelegte Unterholz, der allerdings kurz bevor er die Südgrenze des Parks erreicht unvermittelt im Erdreich verschwindet. Sehr viel konstanter ist hingegen das Wasser im großen ovalen Teich, den zahlreiche Seerosen schmücken. Auch bei den Fischen der Umgebung scheint das Gewässer recht beliebt zu sein, zumindest deuten geduldige Angler darauf hin. Darüber hinaus gibt es gleich drei Spielplätze auf dem kleinen Areal, wobei besonders der Klangspielplatz bemerkenswert ist. Dieser befindet sich direkt neben der 1964 eingeweihten Parkbühne, auf der nicht selten auch namhafte internationale Künstler auftreten. Auf den Bänken der sanft ansteigenden Ränge finden zwar nur etwa 500 Zuschauer Platz, aber gut möglich, dass die Künstler von der Lage im Grünen oder der eigenwilligen Optik des Bühnenbaus angelockt werden, dessen geschwungene Formen zur Wohlfühlatmosphäre nicht unwesentlich betragen. Betrieben wird die Bühne vom Soziokulturellen Zentrum, das im direkt dahinter befindlichen Geyserhaus zu finden ist. Dessen Angebotspalette reicht vom Jugendtreff bis zum Seniorenbüro – und dazu gehört auch das Förderprogramm „Musik macht schlau", das Kindern, besonders aus einkommensschwachen Familien, ermöglichen soll, ein Musikinstrument zu erlernen. Eventuell gastieren diese dann später einmal als namhafte nationale Künstler auf der Parkbühne.

- Arthur-Brettschneider-Park, Leipzig
- ÖPNV: Tram 16, Haltestelle Eutritzsch, Markt

Reudnitzer Sommerfreuden

73 Espresso Zack Zack und Lene-Voigt-Park

Seit dem Jahr 2015 erfreut das Espresso Zack Zack seine Gäste an der Albert-Schweitzer-Straße und bietet dabei natürlich nicht nur den obligatorischen Espresso oder andere Kaffeeleckereien an. Von Trinkschokolade bis Craft Beer, von selbst zubereiteten Muffins, Kuchen und Panini bis zum Speiseeis reicht die Palette – und nebenbei werden auch Espressomaschinen und allerhand andere technische Accessoires feilgeboten. Die Innenräume des Cafés sind überaus gemütlich eingerichtet, auch ein kleiner Freisitz ist vorhanden. Ist dieser besetzt, bietet sich eine der Kaffeespezialitäten zum Mitnehmen und ein Besuch im direkt angrenzenden Lene-Voigt-Park an.
Die humorvolle sächsische Mundartdichterin, nach der das grüne Idyll benannt wurde, würde vermutlich vom „Esbresso Zag Zag“ sprechen. Zugleich wäre sie wohl auch recht glücklich darüber, dass ein nach ihr benannter Park ihrer Heimatstadt für so viel Heiterkeit und Leichtigkeit sorgt. Dabei wurde das 800 Meter lange und etwa 100 Meter breite Gelände über ein Jahrhundert lang von den Eisenbahngleisen des einst hier befindlichen Eilenburger Bahnhofs durchzogen. An einigen verbliebenen Versorgungsbauten wie einem alten Ringlokschuppen ist das noch immer erkennbar. Die bis zum Jahr 2004 umgestalteten Flächen besitzen inzwischen einen nahezu gegenteiligen Charakter, wobei selbst das charismatische Heizungsrohrensemble auf der Parknordseite zum Ambiente passt. So wird nun nicht mehr rangiert, sondern gebaggert, beispielsweise auf dem Beachvolleyballplatz. Nebenan werden Boule, Federball und andere Sommersportarten praktiziert und ein Märchenspielplatz lädt zum Rumtollen ein. Den meisten Raum im „Reudnitzer Central Park“ nimmt aber die große Wiese ein, die sich wunderbar zum gepflegten Entspannen eignet, mit direktem Blick auf den Uniriesen. Im Osten mündet der Park in einen von Bäumen umsäumten Fuß- und Radweg, der unter der Bezeichnung „Grüner Ring“ in Zukunft entlang einer ehemaligen Bahntrasse über Brücken und Viadukte durch den Leipziger Osten führen soll.

● Espresso Zack Zack am Lene-Voigt-Park
Albert-Schweitzer-Straße 2 04317 Leipzig, www.espressozackzack.de
● ÖPNV: Bus 60, Tram 4, Haltestelle Riebeck-/Oststraße

Eis
Neu,
Apfel-Minz-
Frappé

Grüner wird's nicht

74 Das POOL in Plagwitz

Anders als es der Name vielleicht vermuten lässt, besticht der Treffpunkt POOL nicht etwa durch üppige Badelandschaften, sondern vielmehr durch eine unglaublich große Ansammlung an Billardtischen. Dabei kann an den insgesamt 51 Tischen nicht nur Poolbillard, sondern auch Snooker und Carambolage gespielt werden. Ein Eldorado also für alle Freunde des gepflegten Queues. 1996 wurde die 3000 Quadratmeter große Lokation eröffnet, in der auch Dart sowie an etwa einem Dutzend Platten Tischtennis gespielt oder gekickert werden kann. Es gibt natürlich auch eine große Bar mit reichhaltigem Speise- und Getränkeangebot.

Eingebettet ist das POOL in jede Menge historisches Ambiente, denn Sachsens größte Pool- und Tischtennisarena befindet sich in den Gemäuern der ehemaligen Kammgarnspinnerei Stöhr. Eine Textilfabrik aus dem späten 19. Jahrhundert, die zeittypisch im englischen Stil gestaltet wurde, sodass das viele grüne Filz von noch mehr roten Klinkern kontrastiert wird. Anstelle klackernder Billardkugeln war einst das Dröhnen riesiger Spinnereimaschinen zu hören. Deren Größe bedingte auch die enormen Geschosshöhen von etwa 5 Metern. Zwar befindet sich das Pool nur im zweiten Stockwerk, doch die Höhe, auf der man sich befindet, genügt völlig, um über die Bauten des Leipziger Westens bis zu den Türmen der Leipziger Innenstadt blicken zu können. Die Aussicht zur anderen Seite lässt ein klein wenig erahnen, wie riesig das ehemalige Industrieareal ist. Genutzt wird dieses auch von diversen anderen Institutionen, so gibt es eine Kletterhalle, eine Tanzschule, Ateliers und das Zentralantiquariat. Nicht zu vergessen das POOL GARDEN, das seit 2017 als Freisitz und Live-Music-Bar der Billiardarena fungiert, wo aber auch Quizz- und Talentshows oder Comedy das Angebot abrunden.

● POOL Leipzig, Erich-Zeigner-Allee 64, 04229 Leipzig, Tel. (03 41) 4 79 26 10
www.pool-sachsen.de
● ÖPNV: Tram 3, Haltestelle Markranstädter Straße

TOURNAMENT
BRUNSWICK
EDITION

Jüdisches Leben in Leipzig

75 Das Ariowitsch-Haus

Lange Zeit galt Leipzig als eine der wichtigsten Pelzhandelszentren der Welt. So wurde in den späten 1920er-Jahren mehr als ein Drittel des kompletten Weltpelzhandels über die Pleißestadt abgewickelt. Vor allem jüdische Händler, die einst aus Polen, dem Baltikum und Russland eingewandert waren, zählten zu den Hauptakteuren. Nicht zuletzt deshalb lebten in Leipzig überdurchschnittlich viele Juden osteuropäischer Herkunft. Zu diesen gehörte auch die Familie Ariowitsch, die eines der erfolgreichsten Pelzunternehmen der Stadt betrieb. Durch die Ariowitschstiftung kam das erworbene Vermögen auch der Allgemeinheit zugute, beispielsweise in Form eines 1931 eröffneten jüdischen Altenheims.

Inzwischen ist das Ariowitschhaus sehr viel umfangreicher ausgerichtet. So wird der interessant gestaltete Bau in der Hinrichsenstraße seit dem Abschluss der Sanierungs- und Umbauarbeiten im Jahr 2009 sowohl als Mehrgenerationenhaus als auch als Kultur- und Begegnungszentrum mit vielfältigen Angeboten genutzt. In Konzerten, Ausstellungen, Lesungen und Vorträgen steht die jüdische Kultur, das jüdische Leben Leipzigs im Zentrum. Willkommen sind hier alle – die Leipziger, aber auch die Besucher der Stadt. Neben den Veranstaltungen werden verschiedenste Kurse für Jung und Alt angeboten, sowohl für Einheimische als auch für Neuankömmlinge. Die Palette reicht vom Mal- und Zeichenzirkel über Schach-, Ballett- oder Kindertanzangebote bis hin zu Russisch-, Englisch- oder auch Deutschkursen, die nicht zuletzt für in Leipzig angekommene Flüchtlinge gedacht sind. Wer die koschere Küche kennenlernen oder mehr zu den Gepflogenheiten des Judentums erfahren möchte, ist natürlich ebenfalls herzlich eingeladen! Schließlich versteht sich das Haus als Ort der Begegnung und der Freundschaft, das sich zugleich zur Aufgabe gemacht hat, an die jüdische Geschichte der Stadt zu erinnern. So veranstaltet der Ariowitschhaus e. V. auch die jüdische Woche, die im zweijährigen Rhythmus stattfindet.

- Ariowitsch-Haus, Hinrichsenstraße 14, 04105 Leipzig
  www.ariowitschhaus.de
- ÖPNV: Tram 3, 7, 8, 14, 15, Haltestelle Waldplatz

ARIOWITSCH-HAUS

Allerhand mit Ananas

76 Im GRASSI Museum

Das nach dem italienischstämmigen Stifter Franz Dominic Grassi benannte GRASSI Museum ist in vielfacher Hinsicht ein besonderer Ort. Nicht nur, dass im Haus gleich drei große Ausstellungen untergebracht sind, die von drei unterschiedlichen Institutionen betrieben werden, auch die architektonische Gestaltung desselben ist überaus interessant. Entstanden ist der Bau zwischen 1925 und 1929, also in einer Zeit, in der die Moderne noch jung, frisch und vor allem modern war. So finden sich zahllose Details, die der Neuen Sachlichkeit oder dem Art déco entstammen: angefangen mit den schwungvollen Treppenhäusern über die genauso schlichten wie innovativen Josef-Albers-Fenster, die magische Pfeilerhalle bis hin zur Ananas auf dem Dach, die aber tatsächlich eine Agave darstellt. Bemerkenswert ist allerdings auch, dass es sich um den größten deutschen Museumsneubau der Zwanzigerjahre handelt. Zur luftigen Anlage gehören verschiedene Flügel, zwischen denen sich zwei kleine und zwei große Hofgärten befinden. Die Tore zu Letzteren sind tagsüber geöffnet, sodass man hier – umgeben von jeder Menge stilvoll gestaltetem Rochlitzer Porphyr – auch einfach auf eine Tasse Kaffee im guten Museumscafé vorbeischneien kann. Noch lohnenswerter freilich ist der Besuch der Ausstellungen, wenngleich ein Tag für die Besichtigung aller drei Museen nicht ausreichen dürfte. Denn zu diesen zählt mit der zweitgrößten europäischen Musikinstrumentenschau und dem eigenen Klanglabor nicht nur das Museum für Musikinstrumente, in dem verschiedenste Instrumente aus der ganzen Welt ausprobiert werden können. Auch ein umfangreiches Museum für Völkerkunde, dass auf vielfältige Weise das Leben auf anderen Kontinenten vorstellt, und ein Museum für Angewandte Kunst, dass sich dem Thema Design widmet, gehören dazu. Einmal im Jahr veranstaltet Letzteres die GRASSI-Messe, auf der seit 1920 Kunsthandwerker, Designer und Künstler Unikate und Kleinserien aus den Bereichen Textil, Schmuck, Keramik, Möbel und anderen Bereichen ausstellen, aber auch verkaufen.

- GRASSI Museum, Johannisplatz 5–11, 04103 Leipzig
www.grassimuseum.de
- ÖPNV: Tram 4, 7, 12, 15, Haltestelle Johannisplatz

Palmen und Kerzen

77 In der Nikolaikirche Leipzig

Dass die Nikolaikirche ein ganz besonderer Ort und alles andere als ein Geheimtipp ist, steht außer Frage. Eine wirklich spektakuläre Erscheinung ist sie jedoch nicht, nicht im Vergleich zum Kölner Dom oder zur Kathedrale von Notre-Dame. Dennoch hat sie mit Letzterer eine Gemeinsamkeit, begannen doch die Arbeiten zur großen Kirche im großen Paris nur zwei Jahre früher als die in Kleinparis, wo 1165 die Fundamente gelegt wurden. Somit ist das dem heiligen Nikolaus, Schutzpatron der Kaufleute, geweihte Gotteshaus das älteste Bauwerk der Leipziger Innenstadt, dessen romanische Ursprünge an der Westfassade auch noch immer erkennbar sind. Bemerkenswert ist, dass die Gestaltung der Anbauten aus Spätgotik, Renaissance und Barock ebenfalls in der ursprünglichen Fassung erhalten blieben. Hinzu kommt der klassizistisch gestaltete Innenraum mit seiner ungewöhnlichen Aura. 13 Jahre haben die Umbaumaßnahmen in Anspruch genommen, und als die Leipziger 1797 die Kirche erstmals betraten, staunten sie nicht schlecht, dass das Gotteshaus einfach nur völlig leergeräumt worden zu sein schien. Im Vergleich zu anderen Kircheninnenräumen ist dieser hier ungewöhnlich klar, hell und freundlich. Zudem erinnert die Gestaltung der Säulen an einen Palmenhain, der den Garten Eden abbilden soll. Eine ungewöhnliche, aber auch überaus harmonisch wirkende Formgebung. Eine baugleiche Säule schmückt seit 1999 auch den Nikolaikirchhof. Diese jedoch soll nicht ans Paradies, sondern an die friedliche Revolution erinnern, die von der Kirche auf die Straße getragen wurde. Bereits seit den frühen 1980er-Jahren fanden sich in dieser jeden Montag Menschen zu den Friedensgebeten zusammen. Am 4. September 1989 kam es im direkten Anschluss zu einer ersten kleinen Demonstration, die schnell zur Institution wurde. So versammelten sich fünf Montage später, am 9. Oktober, trotz massivem Staatsaufgebot 70.000 Menschen. Es blieb friedlich. So ist dies nicht nur ein Glücksort, sondern zugleich ein Ort des Mutes.

- Nikolaikirche, Nikolaikirchhof 3, 04109 Leipzig, Tel. (03 41) 1 24 53 80
  www.nikolaikirche.de
- ÖPNV: Tram 4, 7, 8, 10, 11, 12, 14, 15, 16, Haltestelle Augustusplatz

Zwischen Enten & Kanadiern

78 Am Palmengartenwehr

Ungewöhnlich viele Kanadier gibt es in dieser Gegend. Wenn man Glück hat, kann man sogar einen Olympiateilnehmer darin sitzen sehen, der vom Bootshaus des SC DhfK aus gerade zum Training aufgebrochen ist und elegant am Freizeitpaddelpublikum vorbeirauscht. Bei gutem Wetter strömen am Palmengartenwehr die Wasserfahrzeuge aus allen Himmelsrichtungen heran, denn das Wehr liegt nur wenige Meter vom Schnittpunkt der Weißen Elster, Leipzigs größtem Fluss, mit dem viel größeren, allerdings künstlich angelegten Elsterpleißeflutbett. Trotz des regen Bootsbetriebs hier – oder vielleicht auch gerade deswegen – ist es an der Wasserstraßenkreuzung sehr idyllisch. Die allermeisten Boote sind geräuschlos unterwegs. Ohnehin besitzt dieser inmitten der Großstadt gelegene Ort erstaunlich viele Mecklenburg-Vorpommern-Momente, erfreuen doch Enten, Nutrias und eventuell Fischreiher ihre Beobachter. Zudem grünt es wohin das Auge auch blickt, denn nicht nur verschiedene Wasserläufe treffen hier aufeinander, sondern auch mehrere Parkanlagen. So prägen der Klingerhain und der Palmengarten die westlichen Ufer und der Richard-Wagner-Hain die Ostseite unterhalb des Wehres. Die große Wiese, die in den späten 1930er-Jahren angelegt wurde, um ein Denkmal des gleichnamigen Komponisten angemessen platzieren zu können, gilt als beliebter Sonnenbadeort und Federballspielplatz. Verpflegen lassen kann man sich durch das Zierlich Manierlich, das von einem bunten Bauwagen aus Getränke und leckeren Kuchen verkauft. Kostenlos indes ist der Besuch des im Juli stattfindenden Hörspielsommers, der Hunderte mit Picknickdecken bewaffnete Leipziger Familien zum Lauschen und In-den-Himmel-Schauen anlockt. Gleich nebenan strömt das Wasser des 150 Meter breiten Elsterbeckens vorbei, das den Leipziger Westen seit 1925 vor Hochwasser schützt. Eigentlich sollte an dessen Ufern gleich noch ein neues Stadtzentrum entstehen, doch das Projekt scheiterte, und so ist immer noch viel Platz inmitten der Stadt!

- Palmengartenwehr am Richard-Wagner-Hain, 04109 Leipzig
- ÖPNV: Tram 1, 2, Haltestelle Klingerweg, Tram 3, 7, 8, 15, Haltestelle Sportforum Süd

Auf und Ab auf hohem Niveau

79 Der Auensee in Wahren

Wie für Leipziger Seen allgemein üblich, ist auch der bis zu 8 Meter tiefe Auensee künstlich entstanden. Seine Existenz hat er dem Umstand zu verdanken, dass für den Bau des Hauptbahnhofs jede Menge Kies gebraucht wurde, nicht nur im monetären, sondern auch im geologischen Sinne. So entstand südlich des Wahrener Dorfkerns eine große Kiesgrube, die nach ihrer Flutung aber nicht nur als einfacher Badesee diente. Zwar gehörte sowohl ein Strandbad als auch ein Sportbad mit Sprungturm zum Gewässerinventar, darüber hinaus wurde aber auch ein kompletter Freizeitpark an den Ufern des Sees platziert. Ausgestattet war der 1913 eröffnete Lunapark mit Gebirgsachterbahn, Tanzpalast, verschiedensten Lokalen, Ruder- und Tretbootverleih sowie diversen Fahrgeschäften, und er gehörte zu den größten Vergnügungsstätten in ganz Deutschland. Ein Glücksort per se also! Alt geworden ist dieser jedoch nicht, gerade einmal 20 Jahre nach seiner Eröffnung meldete der Betreiber infolge der Weltwirtschaftskrise Insolvenz an und kurze Zeit später wurden die meisten Bestandteile wieder abgerissen.

TIPP
Den Ausflug im Biergarten am Haus Auensee ausklingen lassen. Geöffnet an Feiertagen und Wochenenden!

Zwei Attraktionen aber blieben den Leipzigern zur Freude erhalten: das ehemalige Hauptrestaurant, das heutige Haus Auensee, das zu den beliebtesten und größten Leipziger Konzertstätten zählt, und die einstige Luna- und heutige Parkeisenbahn, die noch immer Jung und Alt durch die schöne Natur um den Auensee kutschiert. Eine einst zur Strecke gehörende marode Betonbrücke steht ein wenig rätselhaft am nördlichen Ufer des Sees herum und verbreitet so ein gehöriges Maß an nostalgischem Charme. Durchaus passend für einen untergegangenen Vergnügungspark. Nichtsdestotrotz oder vielleicht auch gerade deswegen ist der Auensee auch heute noch ein Ort des Vergnügens und die von Laubbäumen gesäumten Ufer erfreuen sich selbst ohne spektakuläre Attraktionen großer Beliebtheit. Im See zu baden ist zwar nicht mehr möglich, aber per Boot lässt sich dieser wunderbar erkunden.

● Auensee, Leipzig
● ÖPNV: Tram 10, 11, Bus 87, 88, 90, Haltestelle Rathaus Wahren, Bus 80 Haltestelle Haus Auensee

Mein Freund der Turmfalke

80

Der Turm vom Neuen Rathaus

Wer den kompletten Aufstieg zur Plattform des Rathausturms zu Fuß bestreiten will, hat 417 Stufen zu meistern, was in etwa einem 25-stöckigen Wohnhaus entspricht. Dass aber der Weg nach oben nicht nur als Glücksumstand für die Optimierung des eigenen Fitnesszustands angesehen werden kann, sondern auf diesem ungewöhnliche gestalterische Details auf einen warten, ist bereits auf den Klinken der großen Eingangstüren erkennbar, die mit gusseisernen Schnecken versehen worden sind. Angebracht wurden die schnuckligen Kriechtiere, um die Rathausmitarbeiter daran zu erinnern, wie langsam sie arbeiten. Ein Klischee also, das schon ein wenig länger existiert – mindestens aber seit 1905, denn in jenem Jahr wurde das Neue Rathaus eingeweiht. Dass es auch mehr als ein Jahrhundert später noch diese Bezeichnung trägt, liegt an der Existenz des Alten Rathauses, das noch immer 350 Jahre mehr auf dem Sockel hat. Ein wenig größer ist das Neue auch. Mit 578 Räumen plus weiteren 300 im angeschlossenen Stadthaus gilt es sogar als eines der größten Rathäuser der Welt. Zur fulminanten Größe gesellt sich ein enormer Gestaltungswille. Zahlreiche namhafte Künstler wirkten bei der Ausschmückung der Außen- und Innenbereiche mit, und so verursacht das Erklimmen der in den Ratssaal führenden Haupttreppe auch keinerlei Atemnot, denn zahllose, meist dem Tierreich entspringende Skulpturen laden zur Betrachtung und damit zum Pausemachen ein. Ein interessantes Kontrastprogramm liefert indes die Fahrt im Paternoster, der, wie die anderen Fahrstühle auch, aber nur bis ins Dachgeschoss führt. Die letzten 250 Stufen dürfen dann nur im Rahmen einer von Montag bis Freitag um 14 Uhr stattfindenden Führung erklommen werden, wobei der Aufstieg nur ein wenig mehr als ein Cent pro Stufe kostet. Oben angekommen sind alle Strapazen schnell vergessen, denn der mit 114,70 Metern höchste deutsche Rathausturm bietet einen wunderbaren Rundblick über die komplette Stadt. Eine Aussicht, die sonst nur die hier lebenden Turmfalken genießen dürfen.

TIPP

Sonntags, 11 Uhr kann man zusätzlich die Kasematten in 8 Metern Tiefe unter dem Burgplatz besichtigen.

● Neues Rathaus, Martin-Luther-Ring 4–6, 04109 Leipzig, Tel. (03 41) 1 23-23 23
www.leipzig.de/buergerservice-und-verwaltung/aemter-und-behoerdengaenge/neues-rathaus-und-stadthaus/turmbesteigung-und-fuehrungen
● ÖPNV: Tram 2, 8, 9, 14, Haltestelle Neues Rathaus

PARTNER HAUS

Bibliografische Informationen der Deutschen Nationalbibliothek
Die Deutsche Nationalbibliothek verzeichnet diese Publikation in der Deutschen Nationalbibliografie; detaillierte bibliografische Daten sind im Internet über http://dnb.d-nb.de abrufbar.

© 2019 Droste Verlag GmbH, Düsseldorf

3. Auflage 2022
Konzeption/Satz: Droste Verlag, Düsseldorf
Einbandgestaltung und Illustrationen: Britta Rungwerth, Düsseldorf
unter Verwendung von Bildern von
© Fotolia.com: jd – photodesign.de; © iStock: Plociennik Robert
Fotos: Sebastian Riegel, außer:
S. 63: © Enrico Meyer; S. 105: © Sandra Plessing; S. 149: © Sandra Plessing

FSC
www.fsc.org
MIX
Papier aus verantwortungsvollen Quellen
FSC® C011279

Druck und Bindung: LUC GmbH, Greven
ISBN 978-3-7700-2086-7

www.droste-verlag.de